Sigrid Früh
Verzauberte Westalb

Sigrid Früh

Verzauberte Westalb

Märchen, Sagen und Geschichten

Silberburg·Verlag

1. Auflage 2007

© 2007 by Silberburg-Verlag GmbH,
Schönbuchstraße 48, D-72074 Tübingen.
Alle Rechte vorbehalten.
Umschlaggestaltung: Frank Butzer, Tübingen,
unter Verwendung einer Fotografie von Rainer Fieselmann.
Druck: Freiburger Graphische Betriebe, Freiburg i. Br.
Printed in Germany.

ISBN 978-3-87407-765-1

Besuchen Sie uns im Internet und entdecken Sie
die Vielfalt unseres Verlagsprogramms:
www.silberburg.de

Inhalt

Vorwort 9

Märchenhaftes

Der Bauer und sein Sohn 13
Der Knabe, der zehn Jahre in der Hölle diente 22
Der Räuber Matthes 25
Die Sage vom Hirschgulden 28
Der Frauenschuh 49
Die drei Handwerksburschen 49
Die Historie von der schönen Lau 53

Sagenhafte Frauen

Die Jungfrau aus dem Urschelberg 81
Die zwei Nachtfräulein von Pfullingen 85
Die Hebamme wird in den Urschelberg geholt 86
Die Nonne im Urschelberg 87
Das versunkene Schloss 88
Der Mädchenfelsen bei Reutlingen 89
Die drei Zauberfrauen im Heiligentäle 92
Der Hexensprung über das Lenninger Tal 92
Sage von der Schalksburg 94
Das weiße Fräulein von der Baumburg 95

Von Herrschern, Rittern, Bürgern und Bauern

Herzog Ulrich und der Bauer 97
Der Schmeller von Ringingen 100
Hans Lapp und die Bauern von Wittershausen 105
Der Zauberstein im Blautopf 107
Die Geister im Blautopf 109
Die Stiftung der Wurmlinger Kapelle 112
Die Gründung des Klosters Stetten im Gnadental 114
Sankt Agatha von Villingen 115
Achalmsage 116
Der Käsperle von Gomaringen 117
Der Junker Jäkele 118
Der Schimmelreiter auf Grafeneck 119
Das Wunderschwert der Herren von Stöffeln 120
Der böse Baldegger 121
Die Brüder von Gundelfingen 122
Die Sage von der Häsel 123
Der Villinger Riese Romeias 124
Wie Horb und Haigerloch entstanden 127
Der Esel von Hohenneuffen 128
Der Waldgraf von Laichingen 129
Nikodemus Frischlins Tod 132
Das Nägelinskreuz 133
Das Nägelinskreuz bewirkt ein Wunder 134
Der Frundecker Geisterspuk 135
Kurfürst Friedrich in Reutlingen 138
Herzog Ulrich nimmt Reutlingen ein 140

Geheimnisvolle und unheimliche Geschehen

Die Legende vom Dreifaltigkeitsberg 148
Der Schäfer und das Paradies 150
Jung Stilling und der Schlaitdorfer Spuk 150
Der Schatz im Höllenloch bei Feldstetten 153
Der Hölzlekönig bei Schwenningen 155
Das Dengelmändle von Trossingen 157
Die Wunderrute 158
Das Käuferle zwischen Eningen und Metzingen 158
Feurige Feldrichter 159
Hausversicherung gegen Hexen 160
Der Grenzsteingeist 160
Der Poppele auf dem Heuberg 161
Der Schimmelreiter bei Wankheim 162
Der Unhalde-Geist in Betzingen 163
Das Muetesheer in Tieringen 164
Das Muetesheer bei Hülben 165
Das Muetesheer zwischen Urach und Wittlingen 166
Das Burrenweible 166
Die Wichtelmännlein am Farrenberg 167
Erdwichtela 168
Die Wasserfräulein in der Donau 170
Der Hokamaa 170
Das niesende Waldmännle 171
Der Geißritt 171
Auf der Alb sei es nicht geheuer 172
Vom 6. und 7. Buch Mose 174
Die unehrliche Bauersfrau 174
Das Hellsternmännlein 175
Der geheime Klostergang 176
Der Teufel und die Glocke 176

Das geheimnisvolle Glockengeläute 177
Das Gnadenbild von Weggental 178
Pater Ungelehrt 179
Der Schatz auf dem Hohenkarpfen 180
Glucker zu Gold geworden 182
Der Schlangenkönig 183
Das Kellermännlein 184
Der Goldkessel der Reichenau bei Auingen 185

Von Narren, Schlaubergern und Schlawinern

Jokele, sperr! 189
Die Schulzenwahl 191
Gut bedient 192
Strafe für die Bettler 193
Die Genkinger Balkenstrecker 195
Der Gönninger Papagei 195
Das Pfullinger Füllen 196
Sankt Petrus übernimmt das Weltregiment 197
Die Oedenwaldstetter Schimmel 200
Die Bärenstecher 201
Die kleinen Fische 203
Die Schlangenfanger 204
Hans von Rechberg und die Ebinger Geschirrweiber . . . 205
Der einfühlsame Wengerter 207
's Essen ist Meister, 's Trinken ist nix! 207
Oberamtsrichter Dodel von Blaubeuren 209
Der Amtsschreiber von Blaubeuren und sein Star 210
Der Fuchs und die goldenen Schwänze 212
Der Spuk im Schloss Bronnen 214

Anhang 215

Vorwort

»Wahrlich ein Gott, ein Gott hat dieses Gebirge geschaffen.«
(Hölderlin: Die Teck)

Der westliche Teil der Schwäbischen Alb ist eine Landschaft, die ihren Charakter erst nach und nach offenbart. Das liegt an der unterschiedlichen Gestaltung und Struktur von der mittleren zur westlichen Alb, die schon an den Schwarzwald angrenzt.

Ebenso verschiedenartig stellt sich diese Landschaft in den verschiedenen Jahreszeiten dar: Im Frühling, wenn die Buchenwälder ihr erstes zartes Grün zeigen, im Sommer, wenn der blaue Himmel sich kristallklar über die Hochebene spannt und die Getreidefelder in ihrem Gold leuchten, im Herbst, wenn die Wälder sich bunt färben, und im Winter, wenn Reif und Schnee die Spuren der vorangegangenen Jahreszeiten bedecken.

So ist es nicht verwunderlich, dass die schwäbischen Dichter alle diese Landschaft liebten und sie auch vielfältig besungen haben: Hölderlin, Schwab, Kurz, Hauff, Uhland, Mörike, um nur einige zu nennen. Letzterer hat in seinem bezaubernden Märchen »Das Stuttgarter Hutzelmännlein« der Alb folgende Liebeserklärung gemacht: »Mit großen Freuden sah er bald von der Bempflinger Höhe die Alb als eine wundersame blaue Mauer ausgesteckt. Nicht anders hatte er sich immer die schönen blauen Glasberge gedacht, dahinter, wie man ihm als Kind gesagt, der Königin von Saba Schneckengärten liegen. Doch war ihm wohl bekannt, dass oben weithin wieder Dörfer seien, als: Böhringen, Zainingen, Feldstetten, Suppingen, durch welche sämtlich nacheinander er passieren musste.«

In der Erinnerung an seine Uracher Seminarzeit schreibt er:

»Da seid ihr alle wieder aufgerichtet,
Besonnte Felsen, alte Wolkenstühle!
Auf Wäldern schwer, wo kaum der Mittag lichtet
Und Schatten mischt mit balsamreicher Schwüle,
Kennt ihr mich noch, der sonst hierher geflüchtet,
Im Moose bei süß-schläferndem Gefühle,
Der Mücke Sumsen hier ein Ohr geliehen,
Ach kennt ihr mich und wollt nicht vor mir fliehen? (...)
O, hier ists, wo Natur den Schleier reißt!
Sie bricht einmal ihr übermenschlich Schweigen;
Laut mit sich selber redend, will ihr Geist,
sich selbst vernehmen, sich ihm selber zeigen.«

(Auszug aus »Besuch in Urach«)

Dieser Zauber in seiner Schönheit begegnet uns wieder in den Märchen und Sagen der geschilderten Landschaft. Wie in den vorangegangenen Bänden werden auch hier die märchenhaften Geschichten vorangestellt. Schon Ernst Meier hat in seiner 1852 erschienenen Märchensammlung bemerkt, dass es eine Eigentümlichkeit des Südwestens ist, dass in diesen Märchen konkrete Orte angegeben werden – eine Gemeinsamkeit mit Frankreich, Schweiz und Elsass.

So fährt der Fuhrmann in »Der Räuber Matthes« »die große Steige bei Haigerloch im Hechinger Ländchen hinauf«. Und das Märchen »Der Knabe, der zehn Jahre in der Hölle diente« beginnt folgendermaßen: »In dem Dorfe Bodelshausen, daß an der Straße zwischen Rottenburg und Hechingen liegt (...)«

Betrachtet man die Sagen, so stößt man auf mythologische Wurzeln. Bemerkenswert ist, dass viele dieser Sagen besonders in der Zeit der Sommersonnenwende, des Advents und der zwölf heiligen Nächte spielen.

Es zeigt sich in vielen Geschichten der Glaube des Menschen, dass ein im Leben begangenes Unrecht, welches nicht bereut wurde, über den Tod hinaus bestehen bleibt. Und so lesen wir von unehrlichen Marktfrauen, betrügerischen Vögten, verschwenderischen Bauern und hartherzigen Rittern.

Hierzu schreibt Lutz Röhrich: »Eine mystische Veranlagung zeichnet den Schwaben in besonderem Maße aus: Er hat eine introvertierte Gefühlswelt, eine metaphysische Tendenz – Züge, die man geradezu als Wesen einer ›schwäbischen Weltanschauung‹ angesehen und auch in den dem Schwabenland entsprungenen kulturellen Leistungen wohl mit Recht wiedergefunden hat. Religiöse Bewegungen und Sekten spielen nirgends eine so große Rolle wie hier, und das Grüblerische, Sonderbare und Kauzige, das ›Spintisieren‹, hat dem Schwaben als einem ›Sinnierer‹ eine fast sprichwörtliche Berühmtheit verliehen.

Die Beschäftigung mit der Welt des Übersinnlichen und Okkulten ist ein Hauptmerkmal des schwäbischen Geisteslebens geworden: Schillers ›Geisterseher‹ stellt – gleichgültig wie er im Einzelnen aufzufassen ist – eine Auseinandersetzung mit der okkulten Welt dar. Schelling wandte sich schon in seiner Magisterdissertation dem Mythus und der Sage zu, und noch die letzten Arbeiten seines Lebens galten den Vorlesungen über die Philosophie der Mythologie. Rudolf Magenau, der sich mit Hölderlin und Ludwig Neuffer zu einem Dichterdreibund des Tübinger Stiftes zusammenschloss, ist der Verfasser von verschiedenen Sagengedichten und hat von volkstümlichen Dämonengestalten unter anderem den Staufergeist als Motive seiner Dichtung benutzt.«

Auch in dieser Sammlung sind wieder viele Schwänke enthalten. Sie zeigen wie schon in den vorangehenden Bänden ein Charakterbild des Schwaben, der die Fähigkeit hat, über sich selbst zu lachen.

Danken möchte ich allen, die mir einen Text aus der Erinnerung erzählt und diesen Band dadurch bereichert haben. In Memoriam danken möchte ich meinem Professor Max Lüthi, der mich geprägt und ermutigt hat, mein Leben der Volksliteratur zu widmen. Mein weiterer Dank gehört meinem Mann Helmut und meiner Freundin Doris Feller-Neff für ihre unermüdliche, konstruktive Unterstützung und kreative Kritik.

Sigrid Früh

Märchenhaftes

Der Bauer und sein Sohn

Morgens beim Aufstehen sagte einmal der Peter ganz erschrocken zu seinem Weib: »Ei, schau doch, Ev', was hab' ich da für blaue Flecken! Am ganzen Leib schwarzblau! – und denkt mir doch nicht, dass ich Händel hatte!« – »Mann!«, sagte die Frau, »du hast gewiss wieder den Hansel, die arme Mähr', halb lahm geschlagen! Vom Ehni hab' ich das wohl öfter denn hundertmal gehört: Wenn einer sein Vieh malträtiert, sei's Stier, sei's Esel oder Pferd, da schickt es seinem Peiniger bei Nacht die blauen Mäler zu. Jetzt haben wir's blank.« Der Peter aber brummte: »Hum, wenn's nichts weiter zu bedeuten hat!«, schwieg still und meinte, die Flecken möchten ihm den Tod ansagen; deshalb er auch etliche Tage zahm und geschmeidig war, dass es dem ganzen Haus zugut' kam. Kaum aber ist ihm die Haut wieder heil, da ist er wie immer der grimmige Peter mit seinem roten Kopf und lauter Flüchen zwischen den Zähnen. Der Hansel sonderlich hatte sehr böse Zeit, dazu noch bittern Hunger, und wenn ihm oft im Stall die Knochen alle weh taten von allzu harter Arbeit, sprach er wohl einmal vor sich hin: »Ich wollt', es holte mich ein Dieb, den würd' ich sanft wegtragen!«

Es hatte aber der Bauer einen herzguten Jungen, Frieder mit Namen, der tat dem armen Tier alle Liebe. Wenn die Stalltür aufging, etwas leiser als sonst, drehte der Hansel gleich den müden Kopf herum, zu sehen, ob es der Frieder sei, der ihm heimlich sein Morgen- oder Vesperbrot brachte. So kommt der Junge auch einmal hinein, erschrickt aber nicht wenig: Denn auf des Braunen Rücken sitzt ein schöner Mädchenengel mit einem silberhellen Rock und einem Wiesenblumenkranz im gelben Haar und streicht dem Hansel die Bückel und Beulen glatt mit seiner weißen Hand. Der Engel sieht den Frieder an und spricht:

»Dem wackern Hansel geht's noch gut,
Wenn ihn die Königsfrau reiten tut.
Arm Frieder
Wird Ziegenhüter,
Kriegt aber Überfluss,
Wenn er schüttelt die Nuss,
Wenn er schüttelt die Nuss!«

Solches gesagt, verschwand der Engel wieder und war nicht mehr da. Den Knaben überlief's, er huschte hurtig aus der Tür. Als er aber den Worten, die er vernommen, weiter nachsann, ward er fast traurig. »Ach!«, dachte er, »der Ziegenbub vom Flecken sein, das ist doch gar ein faul und ärmlich's Leben, da kann ich meiner Mutter nicht das Salz in die Suppe verdienen. Aber Nüss'? Woher? In meines Vaters Garten wachsen keine; und wenn ich sie auch ganzer Säcke voll schütteln sollte, wie der Engel verheißt, davon wird niemand satt. Ich weiß, was ich tun will, wenn ich die Ziegen hüten muss: Ich sammle Besenreißig nebenher und lerne Besen binden, da schafft sich doch ein Kreuzer.« Solche Gedanken hatte Frieder jenen ganzen Tag, sogar in der Schule, und schaute darein wie ein Träumer. »Wieviel ist sechs mal sechs?«, fragte der Schulmeister beim Einmaleins. »Nun, Frieder, was geht dir heut' im Kopf herum? Schwätz!« Der Bub, voll Schrecken, wusste nicht, sollt' er sagen: »Besenreißig« oder »sechsunddreißig«, denn eigentlich war beides richtig;

er sagte aber: »Besenreißig!« Da gab es ein Gelächter, dass alle Fenster klirrten, und blieb noch lang ein Sprichwort in der Schule, wenn einer in Gedanken saß: Der hat Besenreißig im Kopf.

In der Nacht konnte Frieder nicht schlafen. Einmal kam es ihm vor, als sei es im Hof nicht geheuer; er richtete sich auf und sah durchs Fenster über seinem Bett. Sieh da! Drang eine Helle aus dem Stall und kam der Hansel heraus und der Engel auf ihm, der ritt ihn aus dem Hof so sachten Tritts, als ging es über Baumwolle weg. Im ersten Augenblick will Frieder schreien, doch gleich besinnt er sich und denkt, es ist ja Hansels Glück – legt sich also ruhig wieder hin und weint nur still in die Kissen, dass jetzt der Hansel fort sein soll und nimmer wiederkommen.

Wie nun die zwei auf offener Straße waren und der Gaul im hellen Mondschein seinen Schatten sah, sprach er für sich: »Ach! Bin ich nicht ein dürres Bein! Eine Königin säße mir nimmermehr auf.« Der Engel sagte weiter nichts hiegegen und lenkte bald seitwärts in einen Feldweg ein, wo sie nach einer guten Strecke an eine schöne Wiese kamen; sie war voll goldener Blumen und hieß die unsichtbare, denn sie ward von ordinären Leuten nicht gesehen, und ging bei Tage immer in einen nahen Wald hinein, dass sie kein Mensch ausfand. Kam aber guter armer Leute Kind mit einem Kühlein oder einer Geiß daher, dem zeigte der Engel die Wiese; es wuchs ein herrliches Futter auf ihr, auch mancherlei seltsame Kräuter, davon ein Tier fast wunderbar gedieh. Auf demselbigen Platz stieg der Engel jetzt ab, sprach: »Weide, Hans«, lief dann am Bach hinunter und schwand in die Lüfte, nur wie ein Stern am Himmel hinzückt. Der Hansel seinerseits fraß aber tapfer zu; und als er satt war, tat's ihm leid, so fett und milchig war das zarte Gras. Endlich kommt ihm der Schlaf; also legt er sich stracks an den Hügel dort bei den runden Buchen und ruht vier Stunden. Weckt ihn mit eins ein Jägerhorn, da war es Tag und stund die Sonne hell und klar am Himmel. Risch, springt er auf, sieht seinen Schatten auf dem grünen Rasen, verwundert sich und spricht: »Ei! Was bin ich für ein schmucker Kerl geworden! Unecket, glatt und sauber!« So war es auch und glänzte seine Haut als wie in Öl gebadet.

Nun aber jagte der König des Landes schon etliche Tage in selbiger Gegend und ging just aus dem Wald hervor mit seinen Leuten. »Ah schaut! Ah schaut!«, rief er. »Was für ein schönes Ross! Wie es die stolzen Glieder übt in Sprüngen und luftigen Sätzen!« So sprechend trat er nahe herzu mit den Herren vom Hofe, die vernahmen sich alle über das Pferd und klopften ihm liebkosend auf den Hals. Sagte der König: »Reit', Jäger, in das Dorf hinein, zu fragen, ob dieses Tier nicht feil! Sag' ihnen, es käm' an keinen schlechten Herrn!« Derselbe Jägersmann ritt eine Schecke, welche dem Hansel wohlgefiel, derhalben er von selbst mit in den Flecken trabte, wo die Bauern alsbald neugierig die Köpfe aus den Fenstern streckten. »Hört, Leute! Wessen ist der feine Braun'?«, ruft der Jäger durch die Gassen. »Mein ist er nicht! Das ist kein hiesiger!«, hieß es von allen Seiten. »Sieh, Frieder, guck!«, sagt der Peter, »Das ist ein ungarischer. Ich wollt', der wär' mein.« Zuletzt beteuerte der Hufschmied, ein solches Tier sei auf sechs Meilen im Revier gar nicht zu Hause. Da ritt der Jäger samt dem Hansel zum König zurück, vermeldend: »Das Ross ist herrenlos.« – »Behalten wir's denn!«, versetzte der König, und so ging der Zug also weiter.

Indessen meint der Peter, es wäre Zeit, sein Vieh zu füttern, und stößt mit Gähnen die Stalltür auf. Hu! Macht der Rüpel Augen, wie er den leeren Stand der Mähre sieht. Lang waren ihm alle Gedanken wie pelzen. »Zum Kuckuck!«, fuhr er endlich auf, »wird nicht viel fehlen, war da vorhin der fremde Gaul mein Hansel, und ist's mit des Teufels Blendwerk geschehen, dass ihn kein Mensch dafür erkannte!« Der Peter wollte sich die Haar' ausraufen; allein was konnte er machen? Der Gaul war fort. Es haben mich nur die zwei Öchslein gedauert. An denen ließ der Unmensch seinen Grimm in diesen Tagen aus und mussten sie für ihrer drei arbeiten. Was ihnen aber, nächst Püffen, Schlägen, Hungerleiden, das Leben vollends ganz verleidete, das war das Heimweh nach dem braven Hans. Sie trauerten und wurden wie verstockt und taten alles hinterstfür; deshalb der Peter leis zu seinem Weibe sprach: »Es ist schon nicht anders, die Ochsen sind mir auch verhext.« Bald wurden die Eheleute eins, dass sie das Paar für ein Spottgeld dem Metzger abließen; der schlachtete sie in der Stadt. Allein was geschieht? In einer Nacht, da alles schlief, klopft es dem Peter am Laden; schreit er: »Wer ist da drauß«, da antworten ihm zwei tiefe Bassstimmen:

»Der Walse und der Bless
Müssen wandeln deinetwegen,
Wollen zu fressen, fressen in ihre kalten Mägen!«

Dem Peter schauerte die Haut, er zupfte sein Weib: »Steh' du auf, Ev'!« – »Ich nicht!«, antwortete die Frau, »sie wollen halt ihr' Sach von dir.« So stund der Großmaul auf mit Zittern, warf ihnen Futter hinaus, und wie sie damit fertig waren, gingen sie wieder.

Nun kam das Unglück Schlag auf Schlag. Der Peter brachte zwar vom nächsten Markt wieder zween Stiere heim, allein da zeigte sich's, es wollte mit aller Lieb' kein Vieh mehr in dem Stalle bleiben: Die beiden Stiere samt der Kuh wurden krank, man musste sie mit Schaden aus dem Hause tun. Der Peter läuft zu einem Hexenbanner, will sagen Erzspitzbuben, legt ihm gutwillig einen Taler hin, dafür kriegt er ein Pulver, mit dem soll er den Stall durchräuchern, Schlag zwölfe um Mittag. Er räucherte auch wirklich so handig (scharf), dass er die Glut ins Stroh brachte, und schlug der rote Hahn alsbald die Flügel auf dem Dach, das heißt, Stallung und Scheuer ging in lichten Flammen auf; mit knapper Not konnte die Löschmannschaft das Wohnhaus retten. Peter, wo will's mit dir hinaus? – Die nächste Nacht klopft es am Kammerladen. »Wer ist da?«

»Der Walse und der Bless
Kommen in Wind und Regen,
Wollen zu fressen, fressen in ihre kalten Mägen!«

Da fuhr der Peter in Verzweiflung aus dem Bett, schlug die Hände überm Kopf zusammen und rief: »Ach mein! Ach mein! Soll ich die Toten füttern und hab' doch bald für die Lebendigen nichts mehr!« Das erbarmte die Tiere, sie gingen fort, kamen auch nimmermehr.

Anstatt dass der Peter jetzt in sich geschlagen hätte und seinen Frevel gutgemacht, bot er dem Jammer Trutz im Wirtshaus unter lustigen Gesellen. Je mehr sein Weib ihn schalt und lamentierte, um desto weniger schmeckt's ihm daheim; er machte dabei Schulden, kein General hätt' sich dran schämen dürfen, und bald kam es so weit, dass man ihm Haus und Gut verkaufte. Jetzt musste er taglöhnen, und auch sein armes Weib spann fremder Leute Faden. Der Frieder aber, der saß richtig vor dem Dorf, hielt einen Stecken in der Hand und wartete der Ziegen oder band Besenreis auf den Verkauf.

Drei Jahre waren so vergangen, begab sich's einmal wieder, dass der König das Wildschwein jagte und diesmal war auch die Königin dabei. Weil es aber Winterszeit war und sehr kalt, wollten die Herrschaften das Mittagsmahl nicht gern im Freien nehmen, sondern die königlichen Köche machten ein Essen fertig im Greifenwirtshaus, und man speiste im oberen Saal vergnüglich, dazu die Spielleute bliesen. Das Volk aber stund auf der Gasse zu horchen. Als nunmehr nach der Tafel die Pferde wieder vorgeführt wurden und man auch das Leibross der Königin zäumte, stund vornean der Ziegenbub, der sprach gar keck zum Reitknecht hin: »Das Ross ist meines Vaters Ross, dass Ihr's nur wisst!« Da lachte alles Volk laut auf; der Braune aber wieherte dreimal vor Freuden und strich mit seinem Kopf an Frieders Achsel auf und nieder.

Dies alles sah und hörte die Königin vom Fenster hochverwundert und sagt' es gleich ihrem Gemahl. Derselbe lässt den Ziegenbuben rufen, und dieser tritt bescheidentlich, doch munter in den Saal, mit Backen rosenrot, und war er auch sonst ein sauberer Bursche mit lachenden Augen, ging aber barfuß. Red't ihn der König an: »Du sagtest ja, das schöne Pferd da unten wär' deines Vaters, nicht?« – »Und ist auch wahr, Herr, mit Respekt zu melden.« – »Wie willst du das beweisen, Bursch'?« »Ich will es wohl, wenn Ihr's vergönnt. Den Reitknecht hört' ich rühmen, das Ross ließe niemand aufsitzen außer die Königin, der es gehöre. Nun sollt Ihr aber sehn, ob mir's nicht stille hält und nachläuft, wenn ich ihm Hansel rufe: Darnach mögt Ihr denn richten, ob ich die Wahrheit sprach.« Der König schwieg ein Weilchen, sprach dann zu einem seiner Leute: »Bringt mir drei wackre Männer aus der Gemeinde her, damit wir hören, was sie dem Knaben zeugen.« Als nun die Männer kamen und über das Pferd gefragt wurden, so fiel ihr Ausspruch nicht zu Frieders Gunsten aus. Da tät der Knabe seinen Mund selbst auf und hub an, treu und einfältig die Geschichte vom Engel zu erzählen, wie er den Hansel entführte, auch wie er ihm unlängst wieder erschienen sei und ihm die unsichtbare Wiese gezeigt habe, welche den Hansel so stattlich gemacht.

Darüber waren freilich die Anwesenden hoch erstaunt, etliche blickten schelmisch, allein die Königin sagte: »Gewiss, das ist ein frommer Sohn und steht ihm die Wahrheit an der Stirn geschrieben.« Der König selber schien dem Buben wohlgesinnt, doch, weil er guter Laune war, sprach er: »Das Probstück wollen wir ihm nicht erlassen.« Hiermit rief er den Frieder an ein Seitenfenster, das nach dem Freien ging auf einen Grasplatz, weit und flach, in dessen Mitte stund ein großer Nussbaum, wohl hundert Schritt vom Haus; es lag aber alles dicht überschneit, denn es im Christmond war. »Du siehst«, sagte der König, »die große Wiese hier.« – »O ja, warum denn nicht?«, rief ein Hofmann, des Königs Spaßmacher, halblaut dazwischen, »Es ist zwar eine von den unsichtbaren, denn sie ist über und über mit Schnee zugedeckt.« Die Hofleute lachten; der König aber sprach zum Knaben: »Lass dich ein loses Maul nicht irren! Schau, du sollst mir auf dem Hansel einen Ring rund um den Nussbaum in den Schnee reiten, und wenn es gut abläuft, soll aller Boden innerhalb des Rings dein eigen sein!«

Da freuten sich die Schranzen, meinend, es gäbe einen rechten Schnack; der Frieder wurde aber so freundlich, dass er die weißen

Zähne nicht wieder unterbringen konnte. Das Ross ward vorgeführt (nachdem man ihm zuvor den goldnen Frauensattel abgenommen), es jauchzte hellauf und alles Volk mit ihm, und Frieder saß oben mit einem Schwung. Erst ritt er langsam bis zur Wiese vor, hielt an und maß mit dem Aug' nach allen Seiten den Abstand vom Baum, dann setzt' er den Hansel in Trab und endlich in gestreckten Lauf, das ging wie geblasen, und war es eine Lust ihm zuzusehen, wie sicher und wie leicht der Bursche saß. Er war aber nicht dumm und nahm den Kreis so weit, als er nur konnte; gleichwohl lief derselbe am Ende so schön zusammen, als wär' er mit dem Zirkel gemacht. Mit Freudengeschrei ward der Frieder empfangen, im Nu saß er ab, küsste den Hansel auf den Mund, und der König am Fenster winkt' ihm herauf in den Saal. »Du hast«, sprach er zu ihm, »dein Probstück wohl gemacht; die Wiese ist dein. Den Hansel anbelangend, den kann ich dir nicht wiedergeben: Ich hab' ihn meiner Königin geschenkt; soll aber dein Schade nicht sein.« Mit diesen Worten drückte er ihm ein Beutelein in die Hand gespickt voll Dublonen. Des war der Knabe sehr zufrieden, zumal die Königin hinzusetzte: Er möge alle Jahr' zur Stadt kommen, in ihrem Schloss vorsprechen und den Hansel besuchen. »Ja«, rief der Frieder, »und da bring' ich Euch zur Kirchweih' allemal ein Säcklein grüne Nüss' vom Baum!« – »Bleib' es dabei!«, sagte die Königin; so schieden sie.

Der Frieder lief heim durch all das Volksgewühl und Gejubel hindurch zu seinen Eltern. Der Peter hatte den Ritt von weitem heimlich mit angesehen, und jetzt tat er in seinem Herzen ein Gelübde – ich brauche wohl nicht zu sagen, worin das bestand. Genug, der Hansel und der Frieder hatten ihm wieder auf einen grünen Zweig geholfen: Er wurde ein braver, ehrsamer Mann, dazu ein reicher, der einen noch reicheren Sohn hinterließ. Seit dieser Zeit hat sich im ganzen Dorf kein Mensch an einem Tier mehr versündigt.

Der Knabe, der zehn Jahre in der Hölle diente

In dem Dorfe Bodelshausen, das an der Straße zwischen Rottenburg und Hechingen liegt, war einmal ein Mann, dem starb seine Frau und hinterließ ihm sechs unerzogene Kinder. Da suchte der Mann eine Mutter für seine Kinder und heiratete eine zweite Frau, die war aber ein böses Weib und eine rechte Rabenmutter und quälte ihren Mann und ihre armen Kinder, und oft hörte man sie den Wunsch aussprechen: «Wenn ihr nur alle beim Teufel wäret!«

Als nun der älteste Sohn konfirmiert war, wollte die Stiefmutter ihn sogleich aus dem Hause schicken und ihn bei fremden Leuten in Dienst geben. Ihr Mann sagte zwar:»Der Knabe ist noch zu schwach, er kann noch nicht dienen, auch nimmt ihn jetzt noch niemand.« Aber das galt nichts, was der Mann sagte. Die Stiefmutter sprach:»Ei was! Er soll fort; ich will schon einen Herrn für ihn finden und sollt's auch nur der Teufel sein.« Und dann packte sie ein kleines Bündelchen zusammen, das enthielt die Kleider und die Wäsche des Knaben, und so ging sie mit ihm fort dem Oberlande zu.

Wie sie nun im Sigmaringer Walde waren, begegnete ihr ein Jäger, grüßte sie und fragte, wo sie mit dem Knaben hinwollte.»Ins Oberland«, sagte sie.»Und was soll er dort machen?«, fragte der Jäger.»Dienen muss er«, sprach die Frau. Da meinte der Jäger, der Knabe sei noch viel zu klein und zu schwach und werde keinen Herrn bekommen. Die Frau aber sprach:»Ich will schon einen für ihn finden und sollt's auch nur der Teufel sein.« Da sprach der Jäger:»Der Knabe dauert mich, lasst ihn mir, er soll's gut bei mir haben.« Ja, die Stiefmutter war gleich damit zu-

frieden, und nachdem sie den Lohn für das Kind ausbedungen und ihm sein Bündelchen mit den Kleidern übergeben hatte, kehrte sie vergnügt um und fragte nicht einmal, wo der Jäger denn zu Haus sei. Der zog nun mit dem Knaben im Walde fort, bis sie an eine Höhle kamen; in die gingen sie hinein, mussten mehrere Stiegen hinabsteigen und kamen endlich an ein großes

Tor, an das klopfte der Jäger, da ging's auf, sie traten ein, das Tor ward wieder geschlossen, und da merkte der Knabe bald, dass er beim Teufel in der Hölle war.

Sogleich wies der Teufel dem Knaben seine Arbeit an: Er musste Holz tragen und das Feuer, das unter den großen Kesseln in der Hölle brannte, beständig nachschüren; wenn er das versäumte, so kriege er Schläge, sagte der Teufel. Auch verbot er ihm ganz streng, dass er niemals einen Deckel aufheben und in die Kessel sehen dürfte.

Als aber einstmals der Teufel nicht in der Nähe war und der Knabe gar zu gern gewusst hätte, wer wohl in den Kesseln sein möchte, und er es endlich wagte, den einen Deckel aufzuheben, wie erschrak er da, als er seinen eigenen Großvater und seine Großmutter darin sitzen sah! Die heulten und jammerten und baten ihn, er möchte doch unter diesen Kessel nicht so viel Holz legen, denn sie müssten gar zu fürchterliche Schmerzen leiden! Da verschonte der Knabe, so viel er nur konnte, diesen Kessel und ließ das Feuer manchmal erlöschen; dafür hat er aber auch manchen Buckelvoll Schläge bekommen.

Nach einiger Zeit sah der Knabe auch, wie zwei Teufel seine böse Stiefmutter brachten und erst auf einen glühenden Rost legten und dann in einen Kessel mit siedendem Öl steckten und sie braten ließen. Da ward es ihm gar zu unheimlich in der Hölle, und als eben zehn Jahre herum waren, mochte er nicht länger dem Teufel dienen und passte auf, wo er den Schlüssel zum Höllentor hinlegte, erwischte ihn dann einmal, schloss auf und schlich sich fort und war froh, wie er wieder droben auf der Erde war. Von dem Rauch und Ruß aber, der ihm so lange um den Kopf geflogen war, sah sein Gesicht ganz schwarz aus, also dass man ihn hätte für einen Mohren halten können.

Der Räuber Matthes

Vor vielen Jahren wollte einmal ein Fuhrmann die große Steige bei Haigerloch im Hechinger Ländchen mit einem schwer beladenen Fuhrwagen hinauffahren; da stand plötzlich das ganze Fuhrwerk still, als ob's verhext wäre, und kein Pferd wollte mehr anziehen. Der Fuhrmann versuchte es nun erst mit der Peitsche und schlug auf die Pferde los, um sie anzutreiben, aber es war umsonst. Dann betete er still, aber auch das half nichts. Endlich ward er zornig und fing an zu wettern und zu fluchen, so arg er's nur konnte. Darauf trat ein buckeliger Jäger zu ihm hin und sagte: »Was gibst du mir, wenn ich dir helfe?« – »Lass mal hören, was du verlangst!«, sprach der Bauer. Da sagte der Jäger: »Du musst mir etwas versprechen, was du daheim besitzest, ohne es zu wissen.« Nun besann sich der Fuhrmann eine Weile und dachte: »Alles, was Wert hat in meinem Hause, das kenne ich ja; kenne ich etwas aber nicht, so hat's auch keinen Wert für mich«, und dann sprach er zu dem Jäger: »Du magst es meinetwegen nehmen; hilf mir jetzt nur, dass ich weiterfahren kann.« Da ließ sich der Jäger mit einem Blutstropfen diese Zusage verschreiben, und dann konnten die Pferde ganz bequem den Wagen hinaufziehen. Als der Bauer nun wissen wollte, was der Jäger gemeint hatte, so sprach er: »Deine Frau trägt ein Kindlein unter ihrem Herzen, davon du noch nichts weißt, und wenn das geboren ist, so gehört's mein.« Da wurde der Bauer sehr traurig und verlangte die Unterschrift zurück, aber der Jäger lachte und machte, dass er fortkam.

Seit der Zeit hatte der Bauer keine ruhige Stund' mehr in seinem Hause, er seufzte und weinte, mochte weder essen noch trinken und konnte bei Nacht kein Auge zutun. Da drang seine Frau so lange in ihn, bis er ihr endlich alles gestand und sagte, dass er das Kind, das sie bekommen werde, dem Teufel versprochen und verschrieben habe. Da betete die Frau bei Tag und Nacht und weinte und jammerte; und als die Zeit nahe kam, wo sie ihr Kind gebären sollte, ging sie zu einem geistlichen Herrn ins Kloster und klagte dem ihre Not. Da behielt der Geistliche die Frau im Kloster und tröstete sie; und als sie hier einen Sohn geboren hatte, weihte sie ihn dem Dienste Gottes und seiner Kirche und ließ ihn zurück in dem Kloster.

Hier wurde der Knabe nun früh zu allem Guten angehalten und war so fromm und brav, dass das Böse keine Gewalt über ihn hatte. Als er fünf Jahre alt war, lehrte man ihn ein Gebet, das musste er alle Tage in der Kapelle der heiligen Jungfrau hersagen, und als er eben sein zehntes Jahr erreicht hatte, erschien ihm Maria und sprach zu ihm: »In zwei Jahren will ich dir einen Stab geben, mit dem musst du in die Hölle wandern und deinen Namen, der einem bösen Geiste verschrieben ist, zurückfordern.«

Nach dieser Zeit erschien ihm Maria noch öfter in der Kapelle und gab ihm gute Lehren und offenbarte ihm mancherlei. Und als die zwei Jahre herum waren, brachte sie ihm den Stab, mit dem er seinen Namen aus der Hölle holen sollte, und beschrieb ihm genau alle Wege und Stege, die er zu gehen hatte, und sagte ihm, wie er mit dem Stabe an die drei Höllentore klopfen müsse und wie sie dann vor ihm aufspringen würden und wie er die Unterschrift seines Vaters von dem obersten der Teufel sich herausgeben lassen sollte. Das alles merkte sich der Knabe wohl und trat guten Mutes seine Reise an.

Wie er nun mutterseelenallein durch einen großen Wald ging, kam er zu einem Baume, der hing ganz voll von blutroten Äpfeln, und daneben kniete ein alter Mann auf dem Stumpfe eines abgehauenen Baumes und rief den Knaben an und sprach zu ihm: »Wohin, mein Sohn?« Sprach der Knabe: »Zur Hölle, um meinen Namen zurückzufordern.« Sprach der Knieende: »Ach, ich warte schon lange darauf, dass jemand zu mir kommt; vergiss doch nicht, dich in der Hölle nach dem Bett des Räubers Matthes zu erkundigen, und gib mir auf dem Rückwege Nachricht, was du davon erfahren hast!« Das versprach ihm der Knabe und zog weiter und kam an das erste eiserne Höllentor und klopfte mit seinem Stabe an dasselbe, dass es von selbst aufsprang. Da trat Lucifer, der Oberste der bösen Geister, hervor und fragte den Knaben, was er wolle. Und als der Knabe ihm sein Begehren gesagt, pfiff Lucifer, und alsbald erschien ein großer Haufen schwarzer Männlein, die fragte er, ob einer unter ihnen sei, der den Namen des Knaben habe. Nein, da war keiner, der ihn hatte.

Da zog der Knabe weiter bis an ein zweites Höllentor, klopfte mit seinem Stabe an, dass es aufsprang, und alsbald erschien auch Lucifer hier und fragte ihn, was er wolle. Und nachdem er es ihm gesagt, pfiff Lucifer abermals einen Haufen schwarzer Männlein zusammen und erkundigte sich nach dem Namen des Knaben; aber auch hier hatte ihn keiner.

So musste er zum dritten Höllentor gehen, und nachdem Lucifer hier einen dritten Haufen armer Teufel herbeigepfiffen und befragt hatte, fand sich einer darunter, ein buckliger Jäger, der hatte die Handschrift mit dem Namen des Knaben. Da befahl ihm Lucifer, die Handschrift herauszugeben, der aber sprach: »Es soll mich eher eine Krott (Kröte) fressen, eh' ich das tue.« Da drohte ihm Lucifer und sagte: »Gibst du nicht auf der Stelle den Namen heraus, so wirst du in das Bett gelegt, das für den Räuber Matthes da steht!« Und dabei zeigte er auf ein leeres Bett, das bestand aus nichts als aus Feuer und Flammen. Da gab der bucklige Jäger schnell die Unterschrift her, und als er die hatte, trat der Knabe unversehrt seine Rückreise an.

Unterwegs kam er auch wieder in den Wald und zu dem Baume, wo er den knienden Mann auf der Hinreise gesehen hatte, und traf ihn noch ebenso dort an. Sowie der Greis den Jüngling erblickte, rief er ihm entgegen: »Hast du das Bett des Räubers

Matthes gesehen?« – »Ja«, sprach der Knabe, »ich habe es gesehen und mich entsetzt: Das Bett war lauter Feuer, und eine Flamme schlug über der andern empor.« – »Das wird mein Bett einmal werden!«, seufzte der Greis. Der Jüngling aber sagte hierauf, Maria habe ihm in der Kapelle geoffenbart, dass sogar der Räuber Matthes nicht verloren sein werde, wenn er ein aufrichtiges Bekenntnis ablege. Dann versprach ihm der Jüngling, dass er wieder zu ihm kommen wolle, sobald er Priester geworden sei. Das dauerte aber noch zwölf Jahre.

Nach dieser Zeit, als der junge Mann zum Priester geweiht war, machte er sich auf den Weg zu dem Greise und traf ihn noch ebenso an wie vor zwölf Jahren neben dem Apfelbaume auf einem abgehauenen Stumpf kniend und forderte ihn auf, seine Sünden zu beichten. Da sprach der greise Räuber mit zitternder Stimme: »So viel blutrote Äpfel auf dem Baume da sitzen, so viel himmelschreiende Mordtaten hab ich begangen. Gott sei mir armem Sünder gnädig!« Dann verhieß ihm der Priester, weil er so tiefe Reue zeigte, im Namen Gottes Vergebung, und nachdem er das heilige Abendmahl genossen, sank er plötzlich zu einem rauchenden Aschenhaufen zusammen; aus der Asche aber stieg eine weiße Taube empor und flog gen Himmel, und das war die erlöste Seele des Räubers Matthes.

Die Sage vom Hirschgulden

In Schwaben stehen noch heutzutage die Mauern einer Burg, die einst die stattlichste der Gegend war, Hohenzollern. Sie erhebt sich auf einem runden steilen Berg, und von ihrer schroffen Höhe sieht man weit und frei ins Land. So weit und noch viel weiter, als

man diese Burg im Land umher sehen kann, ward das tapfere Geschlecht der Zollern gefürchtet, und ihren Namen kannte und ehrte man in allen deutschen Landen. Nun lebte vor mehreren hundert Jahren, ich glaube, das Schießpulver war kaum erfunden, auf dieser Feste ein Zollern, der von Natur ein sonderbarer Mensch war. Man konnte nicht sagen, dass er seine Untertanen hart gedrückt oder mit seinen Nachbarn in Fehde gelebt hätte, aber dennoch traute ihm niemand über den Weg ob seinem finsteren Auge, seiner krausen Stirne und seinem einsilbigen, mürrischen Wesen. Es gab wenige Leute außer dem Schlossgesinde, die ihn je hatten ordentlich sprechen hören wie andere Menschen, denn wenn er durch das Tal ritt, einer ihm begegnete und schnell die Mütze abnahm, sich hinstellte und sagte: »Guten Abend, Herr Graf, heute ist es schön Wetter«, so antwortete er: »Dummes Zeug« oder »Weiß schon«. Hatte aber einer etwas nicht recht gemacht, für ihn oder seine Rosse, begegnete ihm ein Bauer im Hohlweg mit dem Karren, dass er auf seinem Rappen nicht schnell genug vorüberkommen konnte, so entlud sich sein Ingrimm in einem Donner von Flüchen, doch hat man nie gehört, dass er bei solchen Gelegenheiten einen Bauern geschlagen hätte. In der Gegend aber hieß man ihn »das böse Wetter von Zollern«.

Das böse Wetter von Zollern hatte eine Frau, die der Widerpart von ihm und so mild und freundlich war wie ein Maitag. Oft hat sie Leute, die ihr Eheherr durch harte Reden beleidigt hatte, durch freundliche Worte und ihre gütigen Blicke wieder mit ihm ausgesöhnt; den Armen aber tat sie Gutes, wo sie konnte, und ließ es sich nicht verdrießen, sogar im heißen Sommer oder im schrecklichen Schneegestöber den steilen Berg herabzugehen, um arme Leute oder kranke Kinder zu besuchen. Begegnete ihr auf solchen Wegen der Graf, so sagte er mürrisch: »Weiß schon, dummes Zeug«, und ritt weiter.

Manch andere Frau hätte dieses mürrische Wesen abgeschreckt oder eingeschüchtert; die eine hätte gedacht: »Was gehen mich die armen Leute an, wenn mein Herr sie für dummes Zeug hält«; die andere hätte vielleicht aus Stolz oder Unmut die Liebe gegen einen so mürrischen Gemahl erkalten lassen; doch nicht also Frau Hedwig von Zollern. Die liebte ihn nach wie vor, suchte mit ihrer schönen weißen Hand die Falten von seiner braunen Stirne zu streichen und liebte und ehrte ihn. Als aber nach Jahr und Tag der Himmel ein junges Gräflein zum Angebinde bescherte, liebte sie ihren Gatten nicht minder, indem sie ihrem Söhnlein dennoch alle Pflichten einer zärtlichen Mutter erzeigte. Drei Jahre lang vergingen, und der Graf von Zollern sah seinen Sohn nur alle Sonntage nach Tische, wo er ihm von der Amme dargereicht wurde. Er blickte ihn dann unverwandt an, brummte etwas in den Bart und gab ihn der Amme zurück. Als jedoch der Kleine Vater sagen konnte, schenkte der Graf der Amme einen Gulden, dem Kind machte er kein fröhlicheres Gesicht.

An seinem dritten Geburtstag aber ließ der Graf seinem Sohn die ersten Höslein anziehen und kleidete ihn prächtig in Samt und Seide; dann befahl er seinen Rappen und ein anderes schönes Ross vorzuführen, nahm den Kleinen auf den Arm und fing an, mit klirrenden Sporen die Wendeltreppe hinabzusteigen. Frau Hedwig erstaunte, als sie dies sah. Sie war sonst gewohnt nicht zu fragen, wo aus und wann heim, wenn er ausritt, aber diesmal öffnete die Sorge um ihr Kind ihre Lippen. »Wollet Ihr ausreiten, Herr Graf?«, sprach sie, er gab keine Antwort. »Wozu denn den Kleinen?«, fragte sie weiter. »Cuno wird mit mir spazieren gehen.« – »Weiß schon«, entgegnete das böse Wetter von Zollern und ging weiter; und als er im Hof stand, nahm er den Knaben bei den Füßlein, hob ihn schnell in den Sattel, band ihn mit einem Tuch fest, schwang sich selbst auf den Rappen und trabte zum Burgtore hinaus, indem er den Zügel vom Rosse seines Söhnleins in die Hand nahm.

Dem Kleinen schien es anfangs großes Vergnügen zu gewähren, mit dem Vater den Berg hinabzureiten. Er klopfte in die Hände, er lachte und schüttelte sein Rösslein an den Mähnen, damit es schneller laufen sollte, und der Graf hatte seine Freude daran, rief auch einige Mal: »Kannst ein wackrer Bursche werden.« Als sie aber in der Ebene angekommen waren und der Graf statt Schritt Trab anschlug, da vergingen dem Kleinen die Sinne; er bat anfangs ganz bescheiden, sein Vater möchte langsamer reiten, als es aber immer schneller ging und der heftige Wind dem armen Cuno beinahe den Atem nahm, da fing er an, still zu weinen, wurde immer ungeduldiger und schrie am Ende aus Leibeskräften. »Weiß schon! Dummes Zeug!«, fing jetzt sein Vater an. »Heult der Junge beim ersten Ritt; schweig oder ...« Doch den Augenblick, als er mit einem Fluche sein Söhnlein aufmuntern wollte, bäumte sich sein Ross; der Zügel des andern entfiel seiner Hand, er arbeitete sich ab, Meister seines Tiers zu werden, und als er es zur Ruhe gebracht hatte und sich ängstlich nach seinem Kind umsah, erblickte er dessen Pferd, wie es ledig und ohne den kleinen Reiter der Burg zulief. So ein harter finsterer Mann der Graf von Zollern sonst war, so überwand doch dieser Anblick sein Herz; er glaubte nicht anders, als sein Kind liege zerschmettert am Weg;

er raufte sich den Bart und jammerte. Aber nirgends, so weit er zurückritt, sah er eine Spur von dem Knaben; schon stellte er sich vor, das scheu gewordene Ross habe ihn in einen Wassergraben geschleudert, der neben dem Wege lag. Da hörte er von einer Kinderstimme hinter sich seinen Namen rufen, und als er sich flugs umwandte – sieh! Da saß ein altes Weib unweit der Straße unter einem Baum und wiegte den Kleinen auf ihren Knien.

»Wie kommst du zu dem Knaben, alte Hexe?«, schrie der Graf in großem Zorn, »Sogleich bringe ihn heran zu mir.« »Nicht so rasch, nicht so rasch, Euer Gnaden!«, lachte die alte, hässliche Frau, »Könntet sonst auch ein Unglück nehmen auf Eurem stolzen Ross! Wie ich zu dem Junkerlein kam, fraget Ihr? Nun, sein Pferd ging durch, und er hing nur noch mit einem Füßchen angebunden und das Haar streifte fast am Boden, da habe ich ihn aufgefangen in meiner Schürze.« »Weiß schon!«, rief der Herr von Zollern unmutig, »gib ihn jetzt her; ich kann nicht wohl absteigen, das Ross ist wild und könnte ihn schlagen.« »Schenket mir einen Hirschgulden!«, erwiderte die Frau demütig bittend. »Dummes Zeug!«, schrie der Graf und warf ihr einige Pfennige unter den Baum. »Nein! Einen Hirschgulden könnte ich gut brauchen«, fuhr sie fort. »Was Hirschgulden! Bist selbst keinen Hirschgulden wert!«, eiferte der Graf, »Schnell das Kind her oder ich hetze die Hunde auf dich!« »So? Bin ich keinen Hirschgulden wert?«, antwortete jene mit höhnischem Lächeln, »Na! Man wird ja sehen, was von Eurem Erbe einen Hirschgulden wert ist; aber da, die Pfennige behaltet für Euch.« Indem sie dies sagte, warf sie die drei kleinen Kupferstücke dem Grafen zu, und so gut konnte die Alte werfen, dass alle drei ganz gerade in den kleinen Lederbeutel fielen, den der Graf noch in der Hand hielt.

Der Graf wusste einige Minuten vor Staunen über diese wunderbare Geschicklichkeit kein Wort hervorzubringen, endlich aber löste sich sein Staunen in Wut auf. Er fasste seine Büchse, spannte den Hahn und zielte dann auf die Alte. Diese herzte und küsste ganz ruhig den kleinen Grafen, indem sie ihn so vor sich hinhielt, dass ihn die Kugel zuerst hätte treffen müssen. »Bist ein guter frommer Junge«, sprach sie, »bleibe nur so, und es wird dir nichts fehlen.« Dann ließ sie ihn los, dräute dem Grafen mit dem Finger: »Zollern, Zollern, den Hirschgulden bleibt Ihr mir noch schuldig«, rief sie und schlich unbekümmert um die Schimpfworte des Grafen an einem Buchsbaumstäbchen in den Wald. Conrad, der Knappe, aber stieg zitternd von seinem Ross, hob das Herrlein in den Sattel, schwang sich hinter ihn auf und ritt seinem Gebieter nach, den Schlossberg hinauf.

Es war dies das erste und das letzte Mal gewesen, dass das böse Wetter von Zollern sein Söhnlein mitnahm zum Spazierenreiten; denn er hielt ihn, weil er geweint und geschrien, als die Pferde im Trab gingen, für einen weichlichen Jungen, aus dem nicht viel Gutes zu machen sei, sah ihn nur mit Unlust an, und sooft der Knabe, der seinen Vater herzlich liebte, schmeichelnd und freundlich zu seinen Knien kam, winkte er ihm fortzugehen und rief: »Weiß schon! Dummes Zeug!« Frau Hedwig hatte alle bösen Launen ihres Gemahls gerne getragen, aber dieses unfreundliche Benehmen gegen das unschuldige Kind kränkte sie tief; sie erkrankte mehrere Male aus Schrecken, wenn der finstere Graf den Kleinen wegen irgendeines geringen Fehlers hart abgestraft hatte, und starb endlich in ihren besten Jahren, von ihrem Gesinde und der ganzen Umgegend, am schmerzlichsten aber von ihrem Sohn beweint. Von jetzt an wandte sich der Sinn des Grafen nur noch mehr von dem Kleinen ab: Er gab ihn seiner Amme und dem Hauskaplan zur Erziehung und sah nicht viel nach ihm um, besonders da er bald darauf wieder ein reiches Fräulein heiratete, die ihm nach Jahresfrist Zwillinge, zwei junge Gräflein, schenkte.

Cunos liebster Spaziergang war zu dem alten Weiblein, die ihm einst das Leben gerettet hatte. Sie erzählte ihm immer vieles von seiner verstorbenen Mutter, und wie viel Gutes diese an ihr getan habe. Die Knechte und Mägde warnten ihn oft, er solle nicht so viel zu der Frau Feldheimerin, so hieß die Alte, gehen, weil sie nichts mehr und nichts weniger als eine Hexe sei; aber der Kleine fürchtete sich nicht, denn der Schlosskaplan hatte ihn gelehrt, dass es keine Hexen gebe und dass die Sage, dass gewisse Frauen zaubern können und auf der Ofengabel durch die Luft und auf den Brocken reiten, erlogen sei. Zwar sah er bei der Frau Feldheimerin allerlei Dinge, die er nicht begreifen konnte. Des Kunststückchens mit den drei Pfennigen, die sie seinem Vater so geschickt in den Beutel geworfen, erinnerte er sich noch ganz wohl, auch konnte sie allerhand künstliche Salben und Tränklein bereiten, womit sie Menschen und Vieh heilte; aber das war nicht wahr, was man ihr nachsagte, dass sie eine Wetterpfanne habe, und wenn sie diese über das Feuer hänge, komme ein schreckliches Donnerwetter. Sie lehrte den kleinen Grafen mancherlei, was ihm nützlich war, zum Beispiel allerlei Mittel für kranke Pferde, einen Trank gegen die Hundswut, eine Lockspeise für Fische und viele andere nützliche Sachen. Die Frau Feldheimerin war auch bald seine einzige Gesellschaft, denn seine Amme starb und seine Stiefmutter kümmerte sich nicht um ihn.

Als seine Brüder nach und nach heranwuchsen, hatte Cuno ein noch traurigeres Leben als zuvor, sie hatten das Glück, beim ersten Ritt nicht vom Pferd zu stürzen, und das böse Wetter von Zollern hielt sie daher für ganz vernünftige und taugliche Jungen, liebte sie ausschließlich, ritt alle Tage mit ihnen aus und lehrte sie alles, was er selbst verstand. Da lernten sie aber nicht viel Gutes; Lesen und Schreiben konnte er selbst nicht, und seine beiden trefflichen Söhne sollten sich auch nicht die Zeit damit verderben; aber schon in ihrem zehnten Jahr konnten sie so grässlich fluchen als ihr Vater, fingen mit jedem Händel an, vertrugen sich unter sich selbst so schlecht wie ein Hund und Kater, und nur wenn sie gegen Cuno einen Streich verüben wollten, verbanden sie sich und wurden Freunde.

Ihrer Mutter machte dies nicht viel Kummer, denn sie hielt es für gesund und kräftig, wenn sich die Jungen balgten, aber dem alten Grafen sagte es eines Tages ein Diener, und er antwortete zwar: »Weiß schon, dummes Zeug«, nahm sich aber dennoch vor, für die Zukunft auf ein Mittel zu sinnen, dass sich seine Söhne nicht gegenseitig totschlügen; denn die Drohung der Frau Feldheimerin, die er in seinem Herzen für eine ausgemachte Hexe hielt – »na, man wird ja sehen, was von Eurem Erbe einen Hirschgulden wert ist« –, lag ihm noch immer in seinem Sinn. Eines Tages, da er in der Umgegend seines Schlosses jagte, fielen ihm zwei Berge ins Auge, die ihrer Form wegen wie zu Schlössern geschaffen schienen, und sogleich beschloss er auch, dort zu bauen. Er baute auf dem einen das Schloss Schalksberg, das er nach dem kleineren der Zwillinge so nannte, weil dieser wegen allerlei böser Streiche längst von ihm den Namen »kleiner Schalk« erhalten hatte; das andere Schloss, das er baute, wollte er anfänglich Hirschguldenberg nennen, um die Hexe zu verhöhnen, weil sie sein Erbe nicht einmal eines Hirschguldens wert achtete, er ließ es aber bei dem einfacheren Hirschberg bewenden, und so heißen die beiden Berge noch bis auf den heutigen Tag, und wer die Alb bereist, kann sie sich zeigen lassen.

Das böse Wetter von Zollern hatte anfänglich im Sinn, seinem ältesten Sohn Zollern, dem kleinen Schalk Schalksberg und dem andern Hirschberg im Testament zu vermachen, aber seine Frau ruhte nicht eher, bis er es änderte: »Der dumme Cuno«, so nannte sie den armen Knaben, weil er nicht so wild und ausgelassen war wie ihre Söhne, »der dumme Cuno ist ohnedies reich genug durch das, was er von seiner Mutter erbte, und er soll auch noch das schöne, reiche Zollern haben? Und meine Söhne sollen nichts bekommen als jeder eine Burg, zu welcher nichts gehört als Wald?«

Vergebens stellte ihr der Graf vor, dass man Cuno billigerweise das Erstgeburtsrecht nicht rauben dürfe, sie weinte und zankte so lange, bis das böse Wetter, das sonst niemandem sich fügte, des lieben Friedens willen nachgab und im Testament dem kleinen Schalk Schalksberg, Wolf, dem größeren Zwillingsbruder, Zollern, und Cuno Hirschberg mit dem Städtchen Balingen verschrieb. Bald darauf, nachdem er also verfügt hatte, fiel er auch in eine schwere Krankheit. Zu dem Arzt, der ihm sagte, dass er sterben müsse, sagte er: »Ich weiß schon«, und dem Schlosskaplan, der ihn ermahnte, sich zu einem frommen Ende vorzubereiten, antwortete er: »Dummes Zeug«, fluchte und raste fort und starb, wie er gelebt hatte, roh und als ein großer Sünder.

Aber sein Leichnam war noch nicht beigesetzt, so kam die Frau Gräfin schon mit dem Testament herbei, sagte zu Cuno, ihrem Stiefsohn, spöttisch, er möchte jetzt seine Gelehrsamkeit beweisen und selbst nachlesen, was im Testament stehe, nämlich, dass er in Zollern nichts mehr zu tun habe, und freute sich mit ihren Söhnen über das schöne Vermögen und die beiden Schlösser, die sie ihm, dem Erstgeborenen, entrissen hatten. Cuno fügte sich ohne Murren in den Willen des Verstorbenen; aber mit Tränen nahm er Abschied von der Burg, wo er geboren worden, wo seine gute Mutter begraben lag und wo der gute Schlosskaplan und nahe dabei seine einzige alte Freundin, Frau Feldheimerin, wohnte. Das Schloss Hirschberg war zwar ein schönes, stattliches Gebäude, aber es war ihm doch zu einsam und öde, und er wäre bald krank vor Sehnsucht nach Hohenzollern geworden.

Die Gräfin und die Zwillingsbrüder, die jetzt achtzehn Jahre alt waren, saßen eines Abends auf dem Söller und schauten den Schlossberg hinab, da gewahrten sie einen stattlichen Ritter, der zu Pferde herauftritt und dem eine prachtvolle Sänfte, von zwei Maultieren getragen, und mehrere Knechte folgten. Sie rieten lange hin und her, wer es wohl sein möchte, da rief endlich der kleine Schalk: »Ei, das ist niemand anders als unser Herr Bruder von Hirschberg.« »Der dumme Cuno?«, sprach die Frau Gräfin verwundert, »Ei, der wird uns die Ehre antun, uns zu sich einzuladen, und die schöne Sänfte hat er für mich mitgebracht, um mich abzuholen nach Hirschberg; nein, so viel Güte und Lebensart hätte ich meinem Herrn Sohn, dem dummen Cuno, nicht zugetraut; eine Höflichkeit ist der andern wert, lasset uns hinabsteigen an das Schlosstor, ihn zu empfangen; macht auch freundliche Gesichter, vielleicht schenkt er uns in Hirschberg etwas, dir ein Pferd und dir einen Harnisch, und den Schmuck seiner Mutter hätte ich schon lang gern gehabt.«

»Geschenkt mag ich nichts von dem dummen Cuno«, antwortete Wolf, »und ein gutes Gesicht mach' ich ihm auch nicht. Aber unserm seligen Herrn Vater könnte er meinetwegen bald folgen, dann würden wir Hirschberg erben und alles, und Euch, Frau Mutter, wollten wir den Schmuck um billigen Preis ablassen.« »So, du Range!«, eiferte die Mutter, »abkaufen soll ich euch den Schmuck? Ist das der Dank dafür, dass ich euch Zollern verschafft habe? Kleiner Schalk, nicht wahr, ich soll den Schmuck umsonst haben?« »Umsonst ist der Tod, Frau Mutter!«, erwiderte der Sohn lachend, »und wenn es wahr ist, dass der Schmuck so viel wert ist als manches Schloss, so werden wir wohl nicht die Toren sein, ihn Euch um den Hals zu hängen. Sobald Cuno die Augen schließt, reiten wir hinunter, teilen ab, und meinen Part an Schmuck verkaufe ich. Gebt Ihr dann mehr als der Jude, Frau Mutter, so sollt Ihr ihn haben.«

Sie waren unter diesem Gespräch bis unter das Schlosstor gekommen, und mit Mühe zwang sich die Frau Gräfin, ihren Grimm über den Schmuck zu unterdrücken, denn soeben ritt Graf Cuno über die Zugbrücke. Als er seiner Stiefmutter und seiner Brüder ansichtig wurde, hielt er sein Pferd an, stieg ab und grüßte sie höflich. Denn, obgleich sie ihm viel Leids angetan, bedachte er doch, dass es seine Brüder seien, und dass diese böse Frau sein Vater geliebt hatte. »Ei, das ist ja schön, dass der Herr Sohn uns auch besucht«, sagte die Frau Gräfin mit süßer Stimme und huldreichem Lächeln. »Wie geht es denn auf Hirschberg? Kann man sich dort eingewöhnen? Und gar eine Sänfte hat man sich angeschafft? Ei, und wie prächtig, es dürfte sich keine Kaiserin daran schämen; nun wird wohl auch die Hausfrau nicht mehr lange fehlen, dass sie darin im Lande umherreist.« »Habe bis jetzt noch nicht daran gedacht, gnädige Frau Mutter«, erwiderte Cuno, »will mir deswegen andere Gesellschaft zur Unterhaltung ins Haus nehmen und bin deswegen mit der Sänfte hierher gereist.« »Ei, Ihr seid gar gütig und besorgt«, unterbrach ihn die Dame, indem sie sich verneigte und lächelte. »Denn er kommt doch nicht mehr gut zu Pferde fort«, sprach Cuno ganz ruhig weiter, »der Pater Joseph nämlich, der Schlosskaplan. Ich will ihn zu mir nehmen, er ist mein alter Lehrer, und wir haben es so abgemacht, als ich Zollern verließ. Will auch unten am Berg die alte Frau Feldheimerin mitnehmen. Lieber Gott! Sie ist jetzt steinalt und hat mir einst das Leben gerettet, als ich zum ersten Mal ausritt mit meinem seligen Vater; habe ja Zimmer genug in Hirschberg, und dort soll sie absterben.« Er sprach es und ging durch den Hof, um den Pater Schlosskaplan zu holen. Aber der Junker Wolf biss sich vor Grimm die Lippen zusammen, die Frau Gräfin wurde gelb vor Ärger und der kleine Schalk lachte laut auf: »Was gebt Ihr mir für meinen Gaul, den ich von ihm geschenkt kriege?«, sagte er, »Bruder Wolf, gib mir deinen Harnisch, den er dir gegeben, dafür. Ha! Ha! Ha! Den Pater und die alte Hexe will er zu sich nehmen? Das ist ein schönes Paar, da kann er nun vormittags Griechisch lernen beim Kaplan und nachmittags Unterricht im Hexen nehmen bei der Frau Feldheimerin. Ei! Was macht doch der dumme Cuno für Streiche.«

»Er ist ein ganz gemeiner Mensch«, erwiderte die Frau Gräfin,»und du solltest nicht darüber lachen, kleiner Schalk, das ist eine Schande für die ganze Familie, und man muss sich ja schämen vor der ganzen Umgegend, wenn es heißt, der Graf von Zollern hat die alte Hexe, die Feldheimerin, abgeholt in einer prachtvollen Sänfte und Maulesel dabei und lässt sie bei sich wohnen. Das hat er von seiner Mutter, die war auch immer so gemein mit Kranken und schlechtem Gesindel. Ach, sein Vater würde sich im Sarg wenden, wüsste er es.«»Ja«, setzte der kleine Schalk hinzu,»der Vater würde noch in der Gruft sagen: ›Weiß schon, dummes Zeug!‹«»Wahrhaftig! Da kommt er mit dem alten Mann und schämt sich nicht, ihn selbst unter dem Arm zu führen«, rief die Frau Gräfin mit Entsetzen,»kommt, ich will ihm nicht mehr begegnen.« Sie entfernten sich, und Cuno geleitete seinen alten Lehrer bis an die Brücke und half ihm selbst in die Sänfte; unten aber, am Berg, hielt er vor der Hütte der Frau Feldheimerin und fand sie schon fertig, mit einem Bündel voll Gläschen und Töpfchen und anderem Geräte nebst ihrem Buchsbaumstöcklein einzusteigen.

Es kam übrigens nicht also, wie die Frau Gräfin von Zollern in ihrem bösen Sinn hatte voraussehen wollen. In der ganzen Umgegend wunderte man sich nicht über Ritter Cuno. Man fand es schön und löblich, dass er die letzten Tage der alten Frau Feldheimerin aufheitern wollte, man pries ihn als einen frommen Herrn, weil er den Pater Joseph in sein Schloss aufgenommen hatte. Die einzigen, die ihm gram waren und auf ihn schmähten, waren seine Brüder und die Gräfin. Aber nur zu ihrem eigenen Schaden, denn man nahm allgemein ein Ärgernis an so unnatürlichen Brüdern, und zur Wiedervergeltung ging die Sage, dass sie mit ihrer Mutter schlecht und in beständigem Hader lebten und unter sich selbst sich alles mögliche zu Leide taten. Graf Cuno von Zollern-Hirschberg machte mehrere Versuche, seine Brüder mit sich auszusöhnen; denn es war ihm unerträglich, wenn sie oft an seiner Feste vorbeiritten, aber nie einsprachen, wenn sie ihm in Wald und Feld begegneten und ihn kälter begrüßten als einen Landfremden. Aber seine Versuche schlugen fehl, und er wurde noch überdies von ihnen verhöhnt. Eines Tages fiel ihm noch ein Mittel ein, wie er vielleicht ihre Herzen gewinnen könnte, denn er wusste, sie waren geizig und habgierig. Es lag ein Teich zwischen den drei Schlössern beinahe in der Mitte, jedoch so, dass er noch in Cunos Revier gehörte. In diesem Teich befanden sich aber die besten Hechte und Karpfen der ganzen Umgegend, und es war für die Brüder, die gerne fischten, ein nicht geringer Verdruss, dass ihr Vater vergessen hatte, den Teich auf ihr Teil zu schreiben. Sie waren zu stolz, um ohne Vorwissen ihres Bruders dort zu fischen, und doch mochten sie ihm auch kein gutes Wort geben, dass er es ihnen erlauben möchte. Nun kannte er aber seine Brüder, dass ihnen der Teich am Herzen liege, er lud sie daher eines Tages ein, mit ihm dort zusammenzukommen.

Es war ein schöner Frühlingsmorgen, als beinahe in demselben Augenblick die drei Brüder von den drei Burgen dort zusammenkamen. »Ei! Sieh da«, rief der kleine Schalk, »das trifft sich ordentlich! Ich bin mit Schlag sieben Uhr von Schalksberg weggeritten.« »Ich auch« – »Und ich«, antworteten die Brüder vom Hirschberg und vom Zollern. »Nun, da muss der Teich hier gerade in der Mitte liegen«, fuhr der Kleine fort. »Es ist ein schönes Wasser.«

»Ja, und eben darum habe ich euch hierher beschieden. Ich weiß, ihr seid beide große Freunde vom Fischen, und ob ich gleich auch zuweilen gerne die Angel auswerfe, so hat doch der Weiher Fische genug für drei Schlösser, und an seinen Ufern ist Platz genug für unserer drei, selbst wenn wir alle auf einmal zu angeln kämen. Darum will ich von heute an, dass dieses Wasser Gemeingut für uns sei, und jeder von euch soll gleiche Rechte daran haben wie ich.« »Ei, der Herr Bruder ist ja gewaltig gnädig gesinnt«, sprach der kleine Schalk mit höhnischem Lächeln, »gibt uns wahrhaftig sechs Morgen Wasser und ein Paar hundert Fischlein! Nun – und was werden wir dagegen geben müssen? Denn umsonst ist der Tod!«

»Umsonst sollt ihr ihn haben«, sagte Cuno, »ach! Ich möchte euch ja nur zuweilen an diesem Teich sehen und sprechen. Sind wir doch eines Vaters Söhne.«

»Nein!«, erwiderte der vom Schalksberg, »Das ginge schon nicht, denn es ist nichts Einfältigeres als in Gesellschaft zu fischen, es verjagt immer einer dem andern die Fische. Wollen wir aber Tage ausmachen, etwa Montag und Donnerstag du, Cuno, Dienstag und Freitag Wolf, Mittwoch und Sonnabend ich, – so ist es mir ganz recht.«

»Mir nicht einmal dann«, rief der finstre Wolf. »Geschenkt will ich nichts haben und auch mit niemand teilen. Du hast recht, Cuno, dass du uns den Weiher anbietest, denn wir haben eigentlich alle drei gleichen Anteil daran, aber lasset uns darum würfeln, wer ihn in Zukunft besitzen soll; werde ich glücklicher sein als ihr, so könnt ihr immer bei mir anfragen, ob ihr fischen dürfet.«

»Ich würfle nie«, entgegnete Cuno, traurig über die Verstocktheit seiner Brüder. »Ja freilich«, lachte der kleine Schalk, »er ist ja gar fromm und gottesfürchtig, der Herr Bruder, und hält das Würfelspiel für eine Todsünde. Aber ich will euch was andres vorschlagen, woran sich der frömmste Klausner nicht schämen dürfte. Wir wollen uns Angelschnüre und Haken holen, und wer diesen Morgen, bis die Glocke in Zollern zwölf Uhr schlägt, die meisten Fische angelt, soll den Weiher eigen haben.« »Ich bin eigentlich ein Tor«, sagte Cuno, »um das noch zu kämpfen, was mir mit Recht als Erbe zugehört. Aber damit ihr sehet, dass es mir mit der Teilung ernst war, will ich meine Fischgeräte holen.«

Sie ritten heim, jeder nach seinem Schloss. Die Zwillinge schickten in aller Eile ihre Diener aus, ließen alle alten Steine aufheben, um Würmer zur Lockspeise für die Fische im Teich zu finden, Cuno aber nahm sein gewöhnliches Angelzeug und die Speise, die ihn einst Frau Feldheimerin zubereiten gelehrt, und war der Erste, der wieder auf dem Platz erschien. Er ließ, als die beiden Zwillinge kamen, diese die besten und bequemsten Stellen auswählen und warf dann selbst seine Angel aus. Da war es, als ob die Fische in ihm den Herrn dieses Teiches erkannt hätten. Ganze Züge von Karpfen und Hechten zogen heran und wimmelten um seine Angeln. Die ältesten und größten drängten die kleinen weg, jeden Augenblick zog er einen heraus, und wenn er die Angeln wieder ins Wasser warf, sperrten schon zwanzig, dreißig die Mäuler auf, um an den spitzigen Haken anzubeißen. Es hatte noch nicht zwei Stunden gedauert, so lag der Boden um ihn her voll der schönsten Fische. Da hörte er auf zu fischen und ging zu seinen Brüdern, um zu sehen, was für Geschäfte sie machten. Der kleine Schalk hatte einen kleinen Karpfen und zwei elende Weißfische, Wolf drei Barben und zwei kleine Grünlinge und beide schauten trübselig in den Teich, denn sie konnten die ungeheure Menge, die Cuno gefangen, gar wohl von ihrem Platz aus bemerken. Als Cuno an seinen Bruder Wolf herankam, sprang dieser wütend auf, zerriss die Angelschnur, brach die Rute in Stücke und warf sie in den Teich. »Ich wollte, es wären tausend Haken, die ich hineinwerfe, statt dem einen, und an jedem müsste eine von diesen Kreaturen zappeln«, rief er, »aber mit rechten Dingen geht es nimmer zu, es ist Zauberspiel und Hexenwerk, wie solltest du denn, dummer Cuno, mehr Fische fangen in einer Stunde als ich in einem Jahr?« »Ja, ja, jetzt erinnere ich mich«, fuhr der kleine Schalk fort, »bei der Frau Feldheimerin, bei der schnöden Hexe, hat er das Fischen gelernt, und wir waren Toren, mit ihm zu fischen; er wird doch bald Hexenmeister werden.«

»Ihr schlechten Menschen!«, entgegnete Cuno unmutig. »Diesen Morgen habe ich hinlänglich Zeit gehabt, euren Geiz, eure Unverschämtheit und eure Rohheit einzusehen. Gehet jetzt und kommt nie wieder hierher, und glaubt mir, es wäre für eure Seelen besser, wenn ihr nur halb so fromm und gut wäret als jene Frau, die ihr eine Hexe scheltet.«

»Nein, eine eigentliche Hexe ist sie nicht!«, sagte der Schalk spöttisch lachend. »Solche Weiber können wahrsagen, aber Frau Feldheimerin ist so wenig eine Wahrsagerin, als eine Gans ein Schwan werden kann. Hat sie doch dem Vater gesagt, von seinem Erbe werde man einen guten Teil um einen Hirschgulden kaufen können, das heißt, er werde ganz verlumpen, und doch hat bei seinem Tod alles ihm gehört, so weit man von der Zinne von Zollern sehen kann. Geh, geh, Frau Feldheimerin ist nichts als eine törichtes altes Weib und du der dumme Cuno.« Nach diesen Worten entfernte sich der Kleine eilig, denn er fürchtete den starken Arm seines Bruders, und Wolf folgte ihm, indem er alle Flüche hersagte, die er von seinem Vater gelernt hatte.

In tiefster Seele betrübt ging Cuno nach Hause, denn er sah jetzt deutlich, dass seine Brüder nie mehr mit ihm sich vertragen wollten. Er nahm sich auch ihre harten Worte so sehr zu Herzen, dass er des andern Tages sehr krank wurde, und nur der Trost des würdigen Pater Joseph und die kräftigen Tränklein der Frau Feldheimerin retteten ihn vom Tode.

Als aber seine Brüder erfuhren, dass ihr Bruder Cuno schwer darniederliege, hielten sie ein fröhliches Bankett, und im Weinmut sagten sie sich zu, wenn der dumme Cuno sterbe, so solle der, welcher es zuerst erfahre, alle Kanonen lösen, um es dem andern anzuzeigen, und wer zuerst schieße, solle das beste Fass Wein aus Cunos Keller vorweg nehmen dürfen. Wolf ließ nun von da an immer einen Diener in der Nähe von Hirschberg Wache halten, und der kleine Schalk bestach sogar einen Diener Cunos mit vielem Geld, damit er es ihm schnell anzeige, wenn sein Herr in den letzten Zügen liege. Dieser Knecht aber war seinem milden und frommen Herrn mehr zugetan als dem bösen Grafen von Schalksberg. Er fragte also eines Abends Frau Feldheimerin teilnehmend nach dem Befinden seines Herrn, und als diese sagte, dass es ganz gut mit ihm stehe, erzählte er ihr den Anschlag der beiden Brüder, und dass sie Freudenschüsse tun wollten auf des Grafen Cunos Tod. Darüber ergrimmte die Alte sehr. Sie erzählte es flugs wieder dem Grafen, und als dieser an eine so große Lieblosigkeit seiner Brüder nicht glauben wollte, so riet sie ihm, er solle die Probe machen und aussprengen lassen, er sei tot, so werde man bald hören, ob sie kanonierten oder nicht. Der Graf ließ den Diener, den sein Bruder bestochen, vor sich kommen, befragte ihn nochmals und befahl ihm, nach Schalksberg zu reiten und sein nahes Ende zu verkünden.

Als nun der Knecht eilends den Hirschberg herabritt, sah ihn der Diener des Grafen Wolf von Zollern, hielt ihn an und fragte, wohin er so eilends zu reiten willens sei. »Ach«, sagte dieser, »mein armer Herr wird diesen Abend nicht überleben, sie haben ihn alle aufgegeben.« »So? Ist's um diese Zeit?«, rief jener, lief nach seinem Pferd, schwang sich auf und jagte eilends nach Zollern und den Schlossberg hinan, dass sein Pferd am Tore niederfiel und er selbst nur noch »Graf Cuno stirbt!« rufen konnte, ehe er ohnmächtig wurde. Da donnerten die Kanonen von Hohenzollern herab, Graf Wolf freute sich mit seiner Mutter über das gute Fass Wein und das Erbe, den Teich, über den Schmuck und den starken Widerhall, den seine Kanonen gaben. Aber was er für Widerhall gehalten, waren die Kanonen vom Schalksberg, und Wolf sagte lächelnd zu seiner Mutter: »So hat der Kleine auch einen Spion gehabt, und wir müssen auch den Wein gleich teilen wie das übrige Erbe.« Dann aber saß er zu Pferd, denn er argwöhnte, der kleine Schalk möchte ihm zuvorkommen und vielleicht einige Kostbarkeiten des Verstorbenen wegnehmen, ehe er käme.

Aber am Fischteich begegneten sich die beiden Brüder, und jeder errötete vor dem andern, weil beide zuerst nach Hirschberg hatten kommen wollen. Von Cuno sprachen sie kein Wort, als sie zusammen ihren Weg fortsetzten, sondern sie berieten sich brüderlich, wie man es in Zukunft halten wolle und wem Hirschberg gehören solle. Wie sie aber über die Zugbrücke und in den Schlosshof ritten, da schaute ihr Bruder wohlbehalten und gesund zum Fenster heraus, aber Zorn und Unmut sprühten aus seinen Blicken. Die Brüder erschraken sehr, als sie ihn sahen, hielten ihn anfänglich für ein Gespenst und bekreuzigten sich. Als sie aber sahen, dass er noch Fleisch und Blut habe, rief Wolf: »Ei, so wollt ich doch! Dummes Zeug, ich glaubte, du wärest gestorben.«

»Nun, aufgeschoben ist nicht aufgehoben«, sagte der Kleine, der mit giftigen Blicken nach seinem Bruder hinaufschaute. Dieser aber sprach mit donnernder Stimme: »Von dieser Stunde an sind alle Bande der Verwandtschaft zwischen uns los und ledig. Ich habe eure Freudenschüsse wohl vernommen, aber sehet zu, auch ich habe fünf Feldschlangen hier auf dem Hof stehen und habe sie euch zu Ehren scharf laden lassen. Machet, dass ihr aus dem Bereich meiner Kugeln kommt, oder ihr sollt erfahren, wie man auf Hirschberg schießt.« Sie ließen es sich nicht zweimal sagen, denn sie sahen ihm an, wie ernst es ihm war. Sie gaben also ihren Pferden die Sporen und hielten einen Wettlauf den Berg hinunter, und ihr Bruder schoss eine Stückkugel hinter ihnen her, die über ihren Köpfen wegsauste, dass sie beide zugleich eine tiefe und höfliche Verbeugung machten; er wollt sie aber nur erschrecken und nicht verwunden. »Warum hast du denn geschossen?«, fragte der kleine Schalk unmutig. »Du Tor, ich schoss nur, weil ich dich hörte.« »Im Gegenteil, frag' nur die Mutter!«, erwiderte Wolf. »Du warst es, der zuerst schoss, und du hast diese Schande über uns gebracht, kleiner Dachs.« Der Kleine blieb ihm keinen Ehrentitel schuldig, und als sie am Fischteich angekommen waren, gaben sie sich gegenseitig noch die vom bösen Wetter von Zollern geerbten Flüche zum Besten und trennten sich in Hass und Unlust.

Tags darauf aber machte Cuno sein Testament, und Frau Feldheimerin sagte zum Pater: »Ich wollte was wetten, er hat keinen guten Brief für die Schützen geschrieben.« Aber so neugierig sie war und so oft sie in ihren Liebling drang, er sagte ihr nicht, was im Testament stehe, und sie erfuhr es auch nimmer, denn ein Jahr danach verschied die gute Frau, und ihre Salben und Tränklein halfen ihr nichts; denn sie starb an keiner Krankheit, sondern am achtundneunzigsten Jahr, das auch einen ganz gesunden Menschen endlich unter den Boden bringen kann. Graf Cuno ließ sie bestatten, als ob sie nicht eine arme Frau, sondern seine Mutter gewesen wäre, und es kam ihm nachher noch viel einsamer vor auf seinem Schloss, besonders da der Pater Joseph der Frau Feldheimerin bald folgte. Doch diese Einsamkeit fühlte er nicht sehr lange; der gute Cuno starb schon in seinem achtundzwanzigsten Jahr, und böse Leute behaupteten, an Gift, das ihm der kleine Schalk beigebracht hatte.

Wie dem aber auch sei, einige Stunden nach seinem Tod vernahm man wieder den Donner der Kanonen, und in Zollern und Schalksberg tat man fünfundzwanzig Schüsse. »Diesmal hat er doch dran glauben müssen«, sagte der Schalk, als sie unterwegs zusammentrafen. »Ja«, antwortete Wolf, »und wenn er noch einmal aufersteht und zum Fenster herausschimpft wie damals, so hab' ich eine Büchse bei mir, die ihn höflich und stumm machen soll.«

Als sie den Schlossberg hinanritten, gesellte sich ein Reiter mit Gefolge zu ihnen, den sie nicht kannten. Sie glaubten, er sei vielleicht ein Freund ihres Bruders und komme, um ihn beisetzen zu helfen. Daher gebärdeten sie sich kläglich, priesen vor ihm den

Verstorbenen, beklagten sein frühes Hinscheiden und der kleine Schalk presste sich sogar einige Krokodilstränen aus. Der Ritter antwortete ihnen aber nicht, sondern ritt still und stumm an ihrer Seite den Hirschberg hinauf. »So, jetzt wollen wir es uns bequem machen, und Wein herbei, Kellermeister, vom besten!«, rief Wolf, als er abstieg. Sie gingen die Wendeltreppe hinauf und in den Saal, auch dahin folgte ihnen der stumme Reiter, und als sich die Zwillinge ganz breit an den Tisch gesetzt hatten, zog jener ein Silberstück aus dem Wams, warf es auf den Schiefertisch, dass es umherrollte und klingelte, und sprach: »So, und da habt ihr jetzt euer Erbe, und es wird just recht sein, ein Hirschgulden.« Da sahen sich die beiden Brüder verwundert an, lachten und fragten ihn, was er damit sagen wolle.

Der Ritter aber zog ein Pergament hervor mit hinlänglichen Siegeln, darin hatte der dumme Cuno alle Feindseligkeiten aufgezeichnet, die ihm die Brüder bei seinen Lebzeiten bewiesen, und am Ende hatte er verordnet und bekannt, dass sein ganzes Erbe, Hab und Gut, außer dem Schmuck seiner seligen Frau Mutter, auf den Fall seines Todes an Württemberg verkauft sei, und zwar – um einen elenden Hirschgulden! Um den Schmuck aber solle man in der Stadt Balingen ein Armenhaus erbauen. Da erstaunten nun die Brüder abermals, lachten aber nicht dazu, sondern bissen die Zähne zusammen, denn sie konnten gegen Württemberg nichts ausrichten, und so hatten sie das schöne Gut, Wald, Feld, die Stadt Balingen und selbst den Fischteich verloren und nichts geerbt als einen schlechten Hirschgulden. Den steckte Wolf trotzig in sein Wams, sagte nicht ja und nicht nein, warf sein Barett auf den Kopf und ging trotzig und ohne Gruß an dem württembergischen Kommissär vorbei, schwang sich auf sein Ross und ritt nach Zollern.

Als ihn aber am andern Morgen seine Mutter mit Vorwürfen plagte, dass sie Gut und Schmuck verscherzt hatten, ritt er hinüber zum Schalk auf die Schalksburg. »Wollen wir unser Erbe verspielen oder vertrinken?«, fragte er ihn. »Vertrinken ist besser«, sagte der Schalk, »dann haben wir beide gewonnen. Wir wollen nach Balingen reiten und uns den Leuten zum Trotz dort sehen lassen, wenn wir auch gleich das Städtlein schmählich verloren.« »Und im Lamm schenkt man Roten, der Kaiser trinkt ihn nicht besser«, setzte Wolf hinzu.

So ritten sie miteinander nach Balingen ins Lamm und fragten, was die Maß vom Roten koste, und tranken sich zu, bis der Gulden voll war. Dann stand Wolf auf, zog das Silberstück mit dem springenden Hirsch aus dem Wams, warf es auf den Tisch und sprach: »Da habt Ihr Euren Gulden, so wird's richtig sein.« Der Wirt aber nahm den Gulden, besah ihn links, besah ihn rechts und sagte lächelnd: »Ja, wenn es kein Hirschgulden wär', aber gestern Nacht kam der Bote von Stuttgart, und heute früh hat man es ausgetrommelt im Namen des Grafen von Württemberg, dem jetzt das Städtlein eigen; die sind abgeschätzt und gebt mir nur anders Geld.«

Da sahen sich die beiden Brüder erbleichend an. »Zahl aus«, sagte der eine. »Hast du keine Münze?«, fragte der andere, und kurz, sie mussten den Gulden schuldig bleiben im Lamm in Balingen. Sie zogen schweigend und nachdenkend ihren Weg; als sie aber an den Kreuzweg kamen, wo es rechts nach Zollern und links nach Schalksberg ging, da sagte der Schalk: »Wie nun? Jetzt haben wir sogar weniger geerbt als gar nichts, und der Wein war überdies schlecht.« »Jawohl«, erwiderte sein Bruder. »Aber was die Feldheimerin sagte, ist doch eingetroffen: Seht zu, wie viel von seinem Erbe übrigbleiben wird, um einen Hirschgulden! Jetzt haben wir nicht einmal ein Maß Wein dafür kaufen können.« »Weiß schon!«, antwortete der von der Schalksburg. »Dummes Zeug!«, sagte der Zollern und ritt zerfallen mit sich und der Welt seinem Schloss zu.

Der Frauenschuh

Es war einmal im Mai, als Frau Holle auf ihrem Schimmel über die Fluren ritt und die Erdleutle ihr folgten. Sie segnete die Pflanzen und die Erdleutle sorgten dafür, dass alles wuchs und gedieh. Frau Holle war mit einem blauen Mantel bekleidet und an den Füßen trug sie goldene Schuhe. Nun kam sie gegen Ende ihres Rittes über die Schwäbische Alb. Am Abend merkte sie, dass einer ihrer goldenen Schuhe fehlte. Sie wandte ihr Pferd und ritt noch einmal den ganzen Weg zurück, doch nirgends fand sie ihren goldenen Schuh. Sie sah aber, dass dort, wo die Hufe des Schimmels den Boden berührt hatten, besonders schöne Blumen blühten. Als es Nacht wurde, gab sie die Suche auf und legte sich zur Ruhe.

Als am andern Morgen die Sonne schien, sah sie eine Blume, die sie noch nie gesehen hatte: Sie war golden und hatte die Form eines Schuhes. Da erkannte Frau Holle, dass die Erdleutle ihren Schuh in die Erde gebettet und zu einer schönen Blume umgewandelt hatten. Seither trägt diese Blume den Namen »Frauenschuh«, der besonders auf der Schwäbischen Alb zu finden ist.

Die drei Handwerksburschen

Es saßen einmal drei Handwerksburschen ganz still und traurig in einem Wirtshause beisammen; denn sie konnten keine Arbeit bekommen und hatten nur noch fünf Kreuzer miteinander zu verzehren. Und wie sie nun so dasaßen, trat ein fremder Herr zu ihnen hin und fragte, warum sie denn so betrübt wären. Da klagten sie dem Manne ihre Not, dass ihr Geld zu Ende sei und sie gar nichts verdienen könnten. Sprach der fremde Herr zu ihnen: »Ei, deshalb dürft ihr nicht so traurig sein, da ist wohl noch Rat zu schaffen! Wenn ihr mir einen Gefallen tun wollt, so soll euch das Geld nie ausgehen.« Da fragten sie, was denn das wäre. Darauf sagte der Fremde: »Ihr dürft nichts weiter reden, man mag euch fragen, was man will, als diese Worte: Der erste von euch muss immer antworten: ›Wir alle drei!‹, der zweite: ›Ums Geld!‹, der dritte: ›Und so ist's recht!‹ Wenn ihr das tut, so werdet ihr keine Not mehr leiden.« Da sahen die Handwerksburschen sich verwundert an und wollten's nicht wagen, weil sie sich fürchteten; allein da der fremde Herr versicherte, dass ihnen kein Leid dadurch geschehen werde, so versprachen sie es ihm und erlaubten ihm sogar, dass er ihnen eine Ader aufschlug, worauf dann ein jeder mit seinem eigenen Blute dies Versprechen unterschrieb. Darauf verschwand der Mann.

Die drei Handwerksburschen hatten aber, seitdem sie mit ihrem Blute unterschrieben, die Sprache verloren und konnten gar nichts mehr hervorbringen als die Worte: »Wir alle drei«, was der eine sprach, worauf dann jedesmal der andere versetzte: »Ums Geld!« und der dritte hinzufügte: »Und so ist's recht!« Alsbald fühlten sie aber, dass ihre Taschen voll Geld waren; deshalb besuchten sie nur gute Gasthäuser und ließen sich das Essen und Trinken schmecken und bezahlten alles wie vornehme Herren, indem sie von dem hingegebenen Geld, wenn's zu viel war, nichts wieder zurücknehmen wollten.

So kamen sie auch einmal in ein vornehmes Wirtshaus und setzten sich an den Tisch. Da fragte der Wirt, ob sie etwas zu trinken haben wollten. »Wir alle drei!«, sagte der eine. »Das kann ich mir denken!«, antwortete der Wirt. »Ums Geld!«, versetzte der zweite. »Ja freilich«, sagte der Wirt, »umsonst ist der Tod.«

»Und so ist's recht!«, fügte endlich der dritte Handwerksbursche hinzu. »Das versteht sich!«, sprach der Wirt und lachte und ging hin und holte für jeden einen Schoppen Wein. Und als sie den Wein getrunken hatten, fragte der Wirt wieder, ob sie auch etwas essen möchten. »Wir alle drei!«, sprach der erste, und dann der zweite: »Ums Geld!« Der dritte: »Und so ist's recht!« Da sah der Wirt groß auf, und auch die Gäste, die da waren und das mit anhörten, verwunderten sich über die sonderbaren Leute; denn sie brachten weiter nichts vor als eben diese drei Redensarten.

In demselben Wirtshaus übernachtete aber auch ein reicher Kaufmann, der führte viel Geld bei sich und schlief dicht neben ihnen. Da hörten sie um Mitternacht ein Geräusch in dem Nebenzimmer und ein Geschrei, was aber alsbald still ward. Dann vernahmen sie ganz deutlich die Stimme des Wirtes, der befahl, dass man die Geldsäcke forttragen sollte, und sie konnten sich nun wohl denken, was da geschehen sein mochte, blieben aber mäuschenstill liegen, weil sie Angst hatten. Wie es nun Tag wurde und alles aufstand, ging der Wirt in das Zimmer, wo der Kaufmann geschlafen hatte, und erhob ein Geschrei: »Mörder! Mörder!« und lief zum Gericht und zeigte es an, dass ein Kaufmann über Nacht in seinem Hause ermordet worden sei und dass er schweren Verdacht gegen drei Handwerksburschen hege, die dicht neben dem Kaufmann geschlafen hätten.

Da kam das Gericht herzu und fand den Kaufmann in seinem Blute liegen, nahm dann auch sogleich die drei Handwerksburschen gefangen und fragte sie, ob sie den Mann ermordet hätten. Da sagte der erste: »Wir alle drei«. Der zweite: »Ums Geld!« Der dritte: »Und so ist's recht!«

»Ei, ihr gottlosen Menschen!« rief der Richter und befahl, dass man sie fortführte. Und weil man in ihren Taschen so viel Geld fand, wie man es sonst bei Handwerksburschen nicht antrifft, und sie ganz unverhohlen die Mordtat bekannten, so wurden sie zum Tode verurteilt und zum Richtplatz hinausgeführt. Als sie nun aber geköpft werden sollten, da rief eine unsichtbare Stimme: »Halt!« Und mit einem Male fühlten die Handwerksburschen, dass sie wieder reden konnten, und erzählten nun alles, wie es ihnen ergangen war und wie sie nichts weiter als die drei Antworten auf alle Fragen hätten geben können; zugleich aber zeigten sie den Richtern an, dass der Wirt selbst den Kaufmann umgebracht und seine Geldsäcke ihm weggenommen habe.

Da wurde der Wirt festgesetzt, und als man das Geld mit dem Namen des ermordeten Kaufmannes bei ihm fand und seine Schuld offenbar war, erhielt er seine Strafe; die drei Handwerksburschen aber zogen nach der Angst, die sie ausgestanden, fröhlich von dannen, und hatten nun Geld genug ihr Leben lang.

Die Historie von der schönen Lau

Der Blautopf – wenn ihn meine Leser nicht längst kennen – ist der große runde Kessel eines wundersamen Quells bei einer jähen Felswand gleich hinter dem Kloster. Gen Morgen sendet er ein Flüsschen aus, die Blau, welche der Donau zufällt. Dieser Teich ist einwärts wie ein tiefer Trichter, sein Wasser von Farbe ganz blau, sehr herrlich, mit Worten nicht wohl zu beschreiben; wenn man es aber schöpft, sieht es ganz hell in dem Gefäß aus.

Zuunterst auf dem Grund saß ehemals – lang vor Seppes Zeiten – eine Wasserfrau mit langen fließenden Haaren. Ihr Leib war allenthalben wie eines schönen natürlichen Weibs, dies eine ausgenommen, dass sie zwischen den Fingern und Zehen eine Schwimmhaut hatte, blühweiß und zarter als ein Blatt von Mohn. Im Städtlein ist noch heutzutag ein alter Bau, vormals ein Frauenkloster, hernach zu einer großen Wirtschaft eingerichtet, und hieß darum der Nonnenhof. Dort hing vor sechzig Jahren noch ein Bildnis von dem Wasserweib, trotz Rauch und Alter noch wohl kenntlich in den Farben. Da hatte sie die Hände kreuzweis auf die Brust gelegt, ihr Angesicht war weißlich, das Haupthaar schwarz, die Augen aber, welche sehr groß waren, blau. Beim Volk hieß sie die arge Lau im Topf, auch wohl die schöne

Lau. Gegen die Menschen erzeigte sie sich bald böse, bald gut. Zuzeiten, wenn sie im Unmut den Gumpen übergehen ließ, kam Stadt und Kloster in Gefahr, dann brachten ihr die Bürger in einem feierlichen Aufzug oft Geschenke, sie zu begütigen, Gold- und Silbergeschirr, Becher, Schalen, kleine Messer und andere Dinge; dawider zwar, als einen heidnischen Gebrauch und Götzendienst, die Mönche redlich eiferten, bis derselbe auch endlich ganz abgestellt worden. So Feind darum die Wasserfrau dem Kloster war, geschah es doch nicht selten, wenn Pater Emeran die Orgel drüben schlug und kein Mensch in der Nähe war, dass sie am lichten Tag mit halbem Leib heraufkam und zuhorchte. Dabei trug sie zuweilen einen Kranz von breiten Blättern auf dem Kopf und auch dergleichen um den Hals.

Ein frecher Hirtenjunge belauschte sie einmal in dem Gebüsch und rief: »Hei, Laubfrosch! Git's guat Wetter?« Geschwinder als ein Blitz und giftiger als eine Otter fuhr sie heraus, ergriff den Knaben beim Schopf und riss ihn mit hinunter in eine ihrer nassen Kammern, wo sie den ohnmächtig gewordenen jämmerlich verschmachten und verfaulen lassen wollte. Bald aber kam er wieder zu sich, fand eine Tür und kam, über Stufen und Gänge, durch viele Gemächer in einen schönen Saal. Hier war es lieblich, glusam mitten im Winter. In einer Ecke brannte, in dem die Lau und ihre Dienerschaft schon schlief, auf einem hohen Leuchter mit goldenen Vogelfüßen als Nachtlicht eine Ampel. Es stand viel köstlicher Hausrat herum an den Wänden, und diese waren samt dem Estrich ganz mit Teppichen staffiert, Bildweberei in allen Farben. Der Knabe hurtig nahm das Licht herunter von dem Stock, sah sich in Eile um, was er noch sonst erwischen möchte, und griff aus einem Schrank etwas heraus, das stak in einem Beutel und war mächtig schwer, deswegen er vermeinte, es sei Gold; lief dann und kam vor ein erzenes Pförtlein, das mochte in der Dicke gut zwei Fäuste sein, schob

die Riegel zurück und stieg eine steinerne Treppe hinauf in unterschiedlichen Absätzen, bald links, bald wieder rechts, gewiss vierhundert Stufen, bis sie zuletzt ausgingen und er auf ungeräumte Klüfte stieß; da musste er das Licht dahinten lassen und kletterte so mit Gefahr seines Lebens noch eine Stunde lang im Finstern hin und her, dann aber brachte er den Kopf auf einmal aus der Erde. Es war tiefe Nacht und dicker Wald um ihn. Als er nach vielem Irregehen endlich mit der ersten Morgenhelle auf gänge Pfade kam und von dem Felsen aus das Städtlein unten erblickte, verlangte ihn am Tag zu sehen, was in dem Beutel wäre; da war es weiter nichts als ein Stück Blei, ein schwerer Kegel, spannenlang, mit einem Öhr an seinem oberen Ende, weiß vor

Alter. Im Zorn warf er den Plunder weg, ins Tal hinab, und sagte nachher weiter niemand von dem Raub, weil er sich dessen schämte. Doch kam von ihm die erste Kunde von der Wohnung der Wasserfrau unter die Leute.

Nun ist zu wissen, dass die schöne Lau nicht hier am Ort zu Hause war; vielmehr war sie, als eine Fürstentochter, und zwar von Mutterseiten her, halbmenschlichen Geblüts, mit einem alten Donaunix am Schwarzen Meer vermählt. Ihr Mann verbannte sie, darum, dass sie nur tote Kinder hatte. Das aber kam, weil sie stets traurig war, ohn' einige besondere Ursach'. Die Schwiegermutter hatte ihr geweissagt, sie möge eher nicht eines lebenden Kindes genesen, als bis sie fünfmal von Herzen gelacht haben würde. Beim fünften Male müsste etwas sein, das dürfe sie nicht wissen, noch auch der alte Nix. Es wollte aber damit niemals glücken, so viel auch ihre Leute deshalb Fleiß anwendeten; endlich da mochte sie der alte König ferner nicht an seinem Hofe leiden und sandte sie an diesen Ort, unweit der oberen Donau, wo seine Schwester wohnte. Die Schwiegermutter hatte ihr zum Dienst und Zeitvertreib etliche Kammerzofen und Mägde mitgegeben, so muntere und kluge Mädchen, als je auf Entenfüßen gingen (denn was von dem gemeinen Stamm der Wasserweiber ist, hat rechte Entenfüße); die zogen sie, pur für die Langeweile, sechsmal des Tages anders an – denn außerhalb dem Wasser ging sie in köstlichen Gewändern, doch barfuß –, erzählten ihr alte Geschichten und Mären, machten Musik, tanzten und scherzten vor ihr. An jenem Saal, darin der Hirtenbub gewesen, war der Fürstin ihr Gaden oder Schlafgemach, von welchem eine Treppe in den Blautopf ging. Da lag sie manchen lieben Tag und manche Sommernacht, der Kühlung wegen. Auch hatte sie allerlei lustige Tiere, wie Vögel, Küllhasen und Affen, vornehmlich aber einen possigen Zwerg, durch welchen vormals einem Ohm der Fürstin war von ebensolcher Traurigkeit geholfen worden. Sie spielte alle Abend Damenziehen, Schachzagel oder Schaf und Wolf mit ihm; so oft er einen ungeschickten Zug getan, schnitt er die raresten Gesichter, keines dem andern gleich, nein, immer eines ärger als das andere, dass auch der weise Salomo das Lachen nicht gehalten hätte, geschweige denn die Kammerjungfern oder du selber, liebe Leserin, wärst du dabei gewesen; nur bei der schönen Lau schlug eben gar nichts an, kaum dass sie ein paarmal den Mund verzog.

Es kamen alle Jahr um Winters Anfang Boten von daheim, die klopften an der Halle mit dem Hammer, da frugen dann die Jungfern:

»Wer pochet, dass einem das Herz erschrickt?«

Und jene sprachen:

»Der König schickt!
Gebt uns wahrhaftigen Bescheid.
Was Guts ihr habt geschafft die Zeit.«

Und sie sagten:

»Wir haben die ferndigen Lieder gesungen,
Und haben die ferndigen Tänze gesprungen.
Gewonnen war es um ein Haar! –
Kommt, liebe Herren, übers Jahr.«

So zogen sie wieder nach Haus. Die Frau war aber vor der Botschaft und danach stets noch einmal so traurig.

Im Nonnenhof war eine dicke Wirtin, Frau Betha Seysolffin, ein frohes Biederweib, christlich, leutselig, gütig; zumal an armen reisenden Gesellen bewies sie sich als eine rechte Fremden-

mutter. Die Wirtschaft führte zumeist ihr ältester Sohn Stephan, welcher verehelicht war; ein anderer, Xaver, war Klosterkoch, zwo Töchter noch bei ihr. Sie hatte einen kleinen Küchengarten vor der Stadt, dem Topf zunächst. Als sie im Frühjahr einst am ersten warmen Tag dort war und ihre Beete richtete, den Kappis, den Salat zu säen, Bohnen und Zwiebel zu stecken, besah sie sich von ungefähr auch einmal recht mit Wohlgefallen wieder das schöne blaue Wasser überm Zaun und mit Verdruss daneben einen alten garstigen Schutthügel, der schändete den ganzen Platz; nahm also, wie sie fertig war mit ihrer Arbeit und das Gartentürlein hinter sich zugemacht hatte, die Hacke noch einmal, riss flink das gröbste Unkraut aus, erlas etliche Kürbiskern' aus ihrem Samenkorb und steckte hin und wieder einen in den Haufen. (Der Abt im Kloster, der die Wirtin als eine saubere Frau gern sah – man hätte sie nicht über vierzig Jahr geschätzt, er selber aber war gleich ihr ein stark beleibter Herr –, stand just am Fenster oben und grüßte herüber, indem er ihr mit dem Finger drohte, als halte sie zu seiner Widersacherin.) Die Wüstung grünte nun den ganzen Sommer, dass es eine Freude war, und hingen dann im Herbst die großen gelben Kürbis an dem Abhang nieder bis zu dem Teich.

Jetzt ging einstmals der Wirtin Tochter Jutta in den Keller, woselbst sich noch von alten Zeiten her ein offener Brunnen mit einem steinernen Kasten befand. Beim Schein des Lichts erblickte sie darinnen mit Entsetzen die schöne Lau, schwebend bis an die Brust im Wasser, sprang voller Angst davon und sagts der Mutter an. Die fürchtete sich nicht und stieg allein hinunter, litt auch nicht, dass ihr der Sohn zum Schutz nachfolgte, weil das Weib nackt war.

Der wunderliche Gast sprach diesen Gruß:

>»Die Wasserfrau ist kommen
>Gekrochen und geschwommen.
>Durch Gänge steinig, wüst und kraus,
>Zur Wirtin in das Nonnenhaus.
>Sie hat sich meinethalb gebückt,
>Mein Topf geschmückt
>Mit Früchten und mit Ranken,
>Das muss ich billig danken.«

Sie hatte einen Kreisel aus wasserhellem Stein in ihrer Hand, den gab sie der Wirtin und sagte: »Nehmt dieses Spielzeug, liebe Frau, zu meinem Angedenken. Ihr werdet guten Nutzen davon haben. Denn jüngsthin habe ich gehört, wie Ihr in Eurem Garten der Nachbarin klagtet, Euch sei schon auf die Kirchweih angst, wo immer die Bürger und Bauern zu Unfrieden kämen und Mord und Totschlag zu befahren sei. Derhalben, liebe Frau, wenn wieder die trunkenen Gäste bei Tanz und Zeche Streit beginnen, nehmt den Topf zur Hand und dreht ihn vor der Tür des Saals im Öhrn, da wird man hören durch das ganze Haus ein mächtiges und herrliches Getöne, dass alle gleich die Fäuste werden sinken lassen und guter Dinge sein, denn jählings ist ein jeder nüchtern und gescheit geworden. Ist es an dem, so werfet Eure Schürze auf den Topf, da wickelt er sich alsbald ein und lieget stille.«

So redete das Wasserweib. Frau Betha nahm vergnügt das Kleinod samt der goldenen Schnur und dem Halter von Ebenholz, rief ihrer Tochter Jutta her (sie stand nur hinter dem Krautfass an der Staffel), wies ihr die Gabe, dankte und lud die Frau, sooft die Zeit ihr lang wär', freundlich ein zu fernerem Besuch, darauf das Weib hinabfuhr und verschwand.

Es dauerte nicht lang, so wurde offenbar, welch einen Schatz die Wirtschaft an dem Topf gewann. Denn nicht allein, dass er durch seine Kraft und hohe Tugend die übeln Händel allezeit in einer Kürze dämpfte, er brachte auch dem Gasthaus bald erstaunliche Einkehr zuwege. Wer in die Gegend kam, gemein oder vornehm, ging ihm zulieb; insonderheit kam bald der Graf von Helfenstein, von Wirtemberg und etliche große Prälaten; ja ein berühmter Herzog aus Lombardenland, so bei dem Herzoge von Bayern gastweis war und dieses Wegs nach Frankreich reiste, bot vieles Geld für dieses Stück, wenn es die Wirtin lassen wollte. Gewiss auch war in keinem anderen Land seinesgleichen zu sehn und zu hören. Erst, wenn er anhub sich zu drehen, ging es doucement her, dann klang es stärker und stärker, so hoch wie tief, und immer herrlicher, als wie der Schall von vielen Pfeifen, der quoll und stieg durch alle Stockwerke bis unter das Dach und bis in den Keller, dergestalt, dass alle Wände, Dielen,

Säulen und Geländer schienen davon erfüllt zu sein, zu tönen und zu schwellen. Wenn nun das Tuch auf ihn geworfen wurde und er ohnmächtig lag, so hörte gleichwohl die Musik sobald nicht auf, es zog vielmehr der ausgeladene Schwall mit starkem Klingen, Dröhnen, Summen noch wohl bei einer Viertelstunde hin und her.

Bei uns im Schwabenland heißt so ein Topf aus Holz gemeinhin eine Habergeis; Frau Betha ihrer ward nach seinem vornehmsten Geschäfte insgemein genannt der Bauren-Schwaiger. Er war gemacht aus einem großen Amethyst, des Name besagen will: wider den Trunk, weil er den schweren Dunst des Weins geschwinde aus dem Kopf vertreibt, ja schon von Anbeginn dawider tut, dass einen guten Zecher das Selige berühre; darum ihn auch weltlich und geistliche Herren sonst häufig pflegten am Finger zu tragen.

Die Wasserfrau kam jeden Monat einmal, auch je und je unverhofft zwischen der Zeit, weshalb die Wirtin eine Schelle richten ließ, oben im Haus, mit einem Draht, der lief herunter an der Wand beim Brunnen, damit sie sich gleichbald anzeigen konnte. Also ward sie je mehr und mehr zutunlich zu den wackeren Frauen, der Mutter samt den Töchtern und der Söhnerin.

Einstmal an einem Nachmittag im Sommer, da eben keine Gäste kamen, der Sohn mit den Knechten und Mägden hinaus in das Heu gefahren war, Frau Betha mit der Ältesten im Keller Wein abließ, die Lau im Brunnen aber Kurzweil halben dem Geschäft zusah und nun die Frauen noch ein wenig mit ihr plauderten, da fing die Wirtin an: »Mögt Ihr Euch denn einmal in meinem Haus und Hof umschen? Die Jutta könnte Euch etwas von Kleidern geben, Ihr seid von einer Größe.« »Ja«, sagte sie, »ich wollte lange gern die Wohnungen der Menschen sehen, was alles sie darin gewerben, spinnen, weben, ingleichen auch wie Eure Töchter Hochzeit machen und ihre kleinen Kinder in der Wiege schwenken.«

Da lief die Tochter fröhlich mit Eile hinauf, ein rein Leintuch zu holen, bracht es und half ihr aus dem Kasten steigen, das tat sie sonder Mühe und lachenden Mundes. Flugs schlug ihr die Dirne das Tuch um den Leib und führte sie bei ihrer Hand eine schmale Stiege hinauf in der hintersten Ecke des Kellers, da man durch eine Falltür oben gleich in der Töchter Kammer gelangt. Allda ließ sie sich trocken machen und saß auf einem Stuhl, indem ihr Jutta die Füße abrieb. Wie diese ihr nun an die Sohle kam, fuhr sie zurück und kicherte. »War's nicht gelacht?«, frug sie selber sogleich. – »Was anders?«, rief das Mädchen und jauchzte: »Gebenedeitet sei uns der Tag! Ein erstes Mal wär es geglückt!« – Die Wirtin hörte in der Küche das Gelächter und die Freude, kam herein, begierig, wie es zugegangen, doch als sie die Ursach vernommen – »du armer Tropf«, so dachte sie, »das wird ja schwerlich gelten!« –, ließ sich indes nichts merken, und Jutta nahm etliche Stücke heraus aus dem Schrank, das Beste, was sie hatte, die Hausfreundin zu kleiden. »Seht«, sagte die Mutter, »sie will wohl aus Euch eine Susann Preisnestel machen.« – »Nein«, rief die Lau in ihrer Fröhlichkeit, »lass mich die Aschengruttel sein in deinem Märchen!« – nahm einen schlechten runden Faltenrock und eine Jacke. Nicht Schuh noch Strümpfe litt sie an den Füßen, auch hingen ihre Haare ungezöpft bis auf die Knöchel nieder. So strich sie durch das Haus von unten bis zuoberst, durch Küche, Stuben und Gemächer. Sie verwunderte sich des gemeinsten Gerätes und seines Gebrauchs, besah den rein gefegten Schenktisch und darüber in langen Reihen die zinnenen Kannen und Gläser, alle gleich gestürzt, mit hängendem Deckel, dazu den kupfernen Schwenkkessel samt der Bürste und mitten in der Stube an der Decke der Weber Zunftgeschmuck, mit Seidenband und Silberdraht geziert, in dem Kästlein von Glas. Von ungefähr erblickte sie ihr eigen Bild im Spiegel, davor blieb sie betroffen und erstockt eine ganze Weile stehn, und als darauf die Söhnerin sie mit in ihre Stube nahm und ihr ein neues Spiegelein, drei Groschen wert, verehrte, da meinte sie Wunders zu haben, denn unter allen ihren Schätzen fand sich dergleichen nicht.

Bevor sie aber Abschied nahm, geschah's, dass sie hinter den Vorhang des Alkovens schaute, woselbst der jungen Frau und ihres Mannes Bett sowie der Kinder Schlafstätte war. Saß da ein Enkelein mit rotgeschlafenen Backen, hemdig und einen Apfel in der Hand, auf einem runden Stühlchen von guter Ulmer Hafnerarbeit, grünverglaset. Das wollte dem Gast außer Maßen gefallen; sie nannte es einen viel zierlichen Sitz, rümpft' aber die Nase mit eins, und da die drei Frauen sich wandten zu lachen, vermerkte sie etwas und fing auch hell zu lachen an, und hielt sich die ehrliche Wirtin den Bauch, indem sie sprach: »Diesmal fürwahr hat es gegolten, und Gott schenk Euch so einen frischen Buben, als mein Hans da ist!«

Die Nacht darauf, dass sich dies zugetragen, legte sich die schöne Lau getrost und wohlgemut, wie schon in langen Jahren nicht, im Grund des Blautopfs nieder, schlief gleich ein, und bald erschien ihr ein närrischer Traum. Ihr deuchte da, es war die Stunde nach Mittag, wo in der heißen Jahreszeit die Leute auf der Wiese sind und mähen, die Mönche aber sich in ihren kühlen Zellen eine Ruhe machen, daher es noch einmal so still im ganzen Kloster und rings um seine Mauern war. Es stund jedoch nicht lange an, so kam der Abt herausspaziert und sah, ob nicht etwa die Wirtin in ihrem Garten sei. Dieselbe aber saß als eine dicke Wasserfrau mit langen Haaren in dem Topf, allwo der Abt sie bald entdeckte, sie begrüßte und ihr einen Kuss gab, so mächtig, dass es vom Klosterürmlein widerschallte, und schallte es der Turm ans Refektorium, das sagt' es der Kirche und die sagt's dem Pferdestall und der sagt's dem Fischhaus und das sagt's dem Waschhaus und im Waschhaus da riefen's die Zuber und Kübel sich zu. Der

Abt erschrak bei solchem Lärm. Ihm war, wie er sich nach der Wirtin bückte, sein Käpplein in Blautopf gefallen, sie gab es ihm geschwind, und er watschelte hurtig davon.

Da aber kam aus dem Kloster heraus unser Herrgott, zu sehn, was es gebe. Er hatte einen langen weißen Bart und einen roten Rock. Und frug den Abt, der ihm just in die Hände lief:

»Herr Abt, wie ward Euer Käpplein so nass?«

Und er antwortete:

»Es ist mir ein Wildschwein am Wald verkommen,
Vor dem hab ich Reißaus genommen:
Ich rannte sehr und schwitzet' bass.
Davon ward wohl mein Käpplein so nass.«

Da hob unser Herrgott, unwirsch ob der Lüge, seinen Finger auf, winkt' ihm und ging voran, dem Kloster zu. Der Abt sah hehlings noch einmal nach der Frau Wirtin um, und diese rief: »Ach liebe Zeit, ach liebe Zeit, jetzt kommt der gut' alt' Herr in die Prison!«

Dies war der schönen Lau ihr Traum. Sie wusste aber beim Erwachen und spürte noch an ihrem Herzen, dass sie im Schlaf sehr lachte, und ihr hüpfte noch wachend die Brust, dass der Blautopf oben Ringlein schlug.

Weil es den Tag zuvor sehr schwül gewesen, so blitzte es jetzt in der Nacht. Der Schein erhellte den Blautopf ganz, auch spürte sie am Boden, es donnere weit weg. So blieb sie mit zufriedenem Gemüte noch eine Weile ruhen, den Kopf in ihre Hand gestützt, und sah dem Wetterblicken zu. Nun stieg sie auf, zu wissen, ob der Morgen etwa komme: Allein es war noch nicht viel über Mitternacht. Der Mond stand glatt und schön über

dem Rusenschloss, die Lüfte aber waren voll vom Würzgeruch der Mahden.

Sie meinte fast der Geduld nicht zu haben bis an die Stunde, wo sie im Nonnenhof ihr neues Glück verkünden durfte, ja wenig fehlte, dass sie sich jetzt nicht mitten in der Nacht aufmachte und vor Juttas Türe kam (wie sie nur einmal, Trostes wegen, in übergroßem Jammer nach der jüngsten Botschaft aus der Heimat tat), doch sie besann sich anders und ging zu besserer Zeit. Frau Betha hörte ihren Traum gutmütig an, obwohl er ihr ein wenig ehrenrührig schien. Bedenklich aber sagte sie darauf: »Baut nicht auf solches Lachen, das im Schlaf geschah; der Teufel ist ein Schelm. Wenn Ihr auf solches Trugwerk hin die Boten mit fröhlicher Zeitung entließet, und die Zukunft strafte Euch Lügen, es könnte schlimm daheim ergehen.«

Auf diese ihre Rede hing die schöne Lau den Mund gar sehr und sagte: »Frau Ahne hat der Traum verdrossen!« – nahm kleinlauten Abschied und tauchte hinunter.

Es war nah bei Mittag, da rief der Pater Schaffner im Kloster dem Bruder Kellermeister eifrig zu: »Ich merk, es ist im Gumpen letz, die Arge will Euch Eure Fass wohl wieder einmal schwimmen lehren. Tut Eure Läden eilig zu, vermachet alles wohl!«

Nun aber war des Klosters Koch, der Wirtin Sohn, ein lustiger Vogel, welchen die Lau wohl leiden mochte. Der dachte ihren Jäst mit einem Schnak zu stillen, lief nach seiner Kammer, zog die Bettscher' aus der Lagerstätte und steckte sie am Blautopf in den Rasen, wo das Wasser auszutreten pflegte, und stellte sich mit Worten und Gebärden als einen viel getreuen Diener an, der mächtig Ängsten hätte, dass seine Herrschaft aus dem Bette fallen und etwa Schaden nehmen möchte. Da sah sie nun das Holz so recht mit Fleiß gesteckt und über das Bächlein gespreizt, kam ihr in ihrem Zorn das Lachen an, und lachte überlaut, dass man's im Klostergarten hörte.

Als sie hierauf am Abend zu den Frauen kam, da wussten sie es schon vom Koch und wünschten ihr mit tausend Freuden Glück. Die Wirtin sagte: »Der Xaver ist von Kindesbeinen an gewesen als wie der Zuberclaus, jetzt kommt uns seine Torheit zustatten.«

Nun aber ging ein Monat nach dem andern herum, es wollte sich zum dritten- oder vierten Mal nicht wieder schicken, Martini war vorbei, noch wenig Wochen, und die Boten standen wieder vor der Tür. Da ward es den guten Wirtsleuten selbst bang, ob heuer noch etwas zustande käme, und alle hatten nur zu trösten an der Frau. Je größer deren Angst, je weniger zu hoffen war.

Damit sie ihres Kummers eher vergesse, lud ihr Frau Betha einen Lichtkarz ein, da nach dem Abendessen ein halb Dutzend muntre Dirnen und Weiber aus der Verwandtschaft in einer abgelegenen Stube mit ihren Kunkeln sich zusammensetzten. Die Lau kam alle Abend in Juttas altem Rock und Kittel und ließ sich weit vom warmen Ofen weg in einem Winkel auf den Boden nieder und hörte dem Geplauder zu, von Anfang als ein stummer Gast, ward aber bald zutraulich und bekannt mit allen. Um ihretwillen machte sich Frau Betha eines Abends ein Geschäft daraus, ihr Weihnachtskripplein für die Enkel beizeiten herzurichten: die Mutter Gottes mit dem Kind im Stall, bei ihr die drei Weisen aus Morgenland, ein jeder mit seinem Kamel, darauf er hergereist kam und seine Gaben brachte. Dies alles aufzuputzen und zu leimen, was etwa lotter war, saß die Frau Wirtin an dem Tisch beim Licht mit ihrer Brille, und die Wasserfrau mit höchlichem Ergötzen sah ihr zu, sowie sie auch gerne vernahm, was ihr von heiligen Geschichten dabei gesagt wurde, doch nicht, dass sie dieselben dem rechten Verstand nach begriff oder zu Herzen nahm, wie gern auch die Wirtin es wollte.

Frau Betha wusste ferner viel lehrreicher Fabeln und Denkreime, auch spitzweise Fragen und Rätsel; die gab sie nacheinander im Vorsitz auf zu raten, weil sonderlich die Wasserfrau von Hause aus dergleichen liebte und immer gar zufrieden schien, wenn sie es ein und das andre Mal traf (das doch nicht allzu leicht geriet). Eines derselben gefiel ihr vor allen, und was damit gemeint ist, nannte sie ohne Besinnen:

»Ich bin eine dürre Königin,
Trag auf dem Haupt eine zierliche Kron,
Und die mir dienen mit treuem Sinn,
Die haben großen Lohn.

Meine Frauen müssen mich schön frisiern,
Erzählen mir Märle ohne Zahl,
Sie lassen kein einzig Haar an mir,
Doch siehst du mich nimmer kahl,
Spazieren fahr ich frank und frei,
Das geht so rasch, das geht so fein:
Nur komm ich nicht vom Platz dabei –
Sagt, Leute, was mag das sein?«

Darüber sagte sie, in etwas fröhlicher denn zuvor: »Wenn ich dereinstens wiederum in meiner Heimat bin, und kommt einmal ein schwäbisch Landeskind, zumal aus eurer Stadt, auf einer Kriegsfahrt oder sonst durch der Walachen Land an unsere Gestade, so ruf er mich beim Namen, dort wo der Strom am breitesten hineingeht in das Meer – versteht, zehn Meilen einwärts in dieselbe See erstreckt sich meines Mannes Reich, soweit das süße Wasser sie mit seiner Farbe färbt –, dann will ich kommen und dem Fremdling zu Rat und Hilfe sein. Damit er aber sicher sei, ob ich es bin und keine andere, die ihm schaden möchte, so stelle er dies Rätsel. Niemand aus unserem Geschlechte außer mir wird ihm darauf antworten; denn dortzuland sind solche Rocken und Rädlein, als ihr in Schwaben führet, nicht gesehen, noch kennen sie dort eure Sprache; darum mag dies die Losung sein.«

Auf einen andern Abend ward erzählt vom Doktor Veylland und Herrn Conrad von Wirtemberg, dem alten Gaugrafen, in dessen Tagen es noch keine Stadt mit Namen Stuttgart gab. Im Wiesental, da wo dieselbe sich nachmals erhob, stund nur ein stattliches Schloss mit Wassergraben und Zugbrücke, von Bruno, dem Domherrn von Speyer, Conradens Oheim, erbaut, und nicht gar weit davon ein hohes steinernes Haus. In diesem wohnte dazumal mit einem alten Diener ganz allein ein sonderlicher Mann, der war in natürlicher Kunst und in Arzneikunst sehr gelehrt und war mit seinem Herrn, dem Grafen, weit in der Welt herumgereist, in heißen Ländern, von wo er manche Seltsamkeit an Tieren, vielerlei Gewächsen und Meerwundern heraus nach Schwaben brachte. In seinem Öhrn sah man der fremden Sachen eine Menge an den Wänden herum hangen: die Haut vom Krokodil sowie Schlangen und fliegende Fische.

Fast alle Wochen kam der Graf einmal zu ihm, mit andern Leuten pflegte er wenig Gemeinschaft. Man wollte behaupten, er mache Gold; gewiss ist, dass er sich unsichtbar machen konnte, denn er verwahrte unter seinem Kram einen Krackenfischzahn. Einst nämlich, als er auf dem Roten Meer das Bleilot niederließ, die Tiefe zu erforschen, da zockt' es unterm Wasser, dass das Tau fast riss. Es hatte sich ein Krackenfisch im Lot verbissen und zween seiner Zähne darinne gelassen. Sie sind wie eine Schustersahle spitz und glänzend schwarz. Der eine stak sehr fest, der andere ließ sich leicht ausziehen. Da nun ein solcher Zahn, etwa in Silber oder Gold gefasst und bei sich getragen, besagte hohe Kraft besitzt und zu den größten Gütern, so man für Geld nicht haben kann, gehört, der Doktor aber dafür hielt, es zieme eine solche Gabe niemand besser als einem weisen und wohldenkenden Gebieter, damit er überall, in seinen eigenen und Feindes Landen, sein Ohr und Auge habe, so gab er einen dieser Zähne seinem Grafen, wie er ja ohnedem wohl schuldig war, mit Anzeigung von dessen Heimlichkeit, davon der Herr nichts wusste.

Von diesem Tage an erzeigte sich der Graf dem Doktor gnädiger als allen seinen Edelleuten oder Räten und hielt ihn recht als seinen lieben Freund, ließ ihm auch gern und sonder Neid das Lot zu eigen, darin der andere Zahn war, doch unter dem Gelöbnis, sich dessen ohne Not nicht zu bedienen, auch ihn vor seinem Ableben entweder ihm, dem Grafen, erblich zu verlassen oder auf alle Weise der Welt zu entrücken, wo nicht ihn gänzlich zu vertilgen. Der edle Graf starb aber um zwei Jahre eher als der

Veylland und hinterließ das Kleinod seinen Söhnen nicht; man glaubt, aus Gottesfurcht und weiser Vorsicht hab er's mit ins Grab genommen oder sonst verborgen.

Wie nun der Doktor auch am Sterben lag, so rief er seinen treuen Diener Curt zu ihm ans Bett und sagte »Lieber Curt! Es gehet diese Nacht mit mir zum Ende, so will ich dir noch deine guten Dienste danken und etliche Dinge befehlen. Dort bei den Büchern, in dem Fach zuunterst in der Ecke, ist ein Beutel mit hundert Imperialen, den nimm gleich zu dir; du wirst auf Lebenszeit genug daran haben. Zum zweiten, das alte geschriebene Buch in dem Kästlein daselbst verbrenne jetzt vor meinen Augen hier in dem Kamin. Zum dritten findest du ein Bleilot dort, das nimm, verbirg's bei deinen Sachen, und wenn du aus dem Hause gehst in deine Heimat, gen Blaubeuren, lass es dein Erstes sein, dass du es in dem Blautopf wirfst.« – Hiermit war er darauf bedacht, dass es, ohne Gottes besondere Fügung, in ewigen Zeiten nicht in irgendeines Menschen Hände kommt. Denn damals hatte sich die Lau noch nie im Blautopf blicken lassen und hielt man selben überdies für unergründlich. Nachdem der gute Diener jenes alles teils auf der Stelle ausgerichtet, teils versprochen, nahm er mit Tränen Abschied von dem Doktor, welcher vor Tage noch das Zeitliche gesegnete.

Als nachher die Gerichtspersonen kamen und allen kleinen Quark aussuchten und versiegelten, da hatte Curt das Bleilot zwar beiseit' gebracht, den Beutel aber nicht versteckt, denn er war keiner von den Schlauesten, und musste ihn dalassen, bekam auch nach der Hand nicht einen Deut davon zu sehen, kaum dass die schnöden Erben ihm den Jahreslohn auszahlten.

Solch Unglück ahnte ihm schon, als er, auch ohnedem betrübt genug, mit seinem Bündelein in seiner Vaterstadt einzog. Jetzt dachte er an nichts, als seines Herrn Befehl vor allen Dingen zu vollziehen. Weil er seit dreiundzwanzig Jahren nimmer hier gewesen, so kannte er die Leute nicht, die ihm begegneten, und da er gleichwohl einem und dem andern Guten Abend sagte, gab's ihm niemand zurück. Die Leute schauten sich, wenn er vorüberkam, verwundert an den Häusern um, wer doch da gegrüßt haben möchte, denn keines erblickte den Mann. Dies kam, weil ihm das Lot in seinem Bündel auf der linken Seite hing; ein andermal, wenn er es rechts trug, war er von allen gesehen. Er sprach aber für sich: »Zu meiner Zeit sind diea Blaubeuramar so grob ett gwä!«

Beim Blautopf fand er seinen Vetter, den Seilermeister, mit dem Jungen am Geschäft, indem er längs der Klostermauer, rückwärts gehend, Werg aus seiner Schürze spann, und weiterhin der Knabe trillte die Schnur mit dem Rad. »Gott grüaß di, Vetter Seiler!«, rief der Curt und klopft' ihm auf die Achsel. Der Meister guckt sich um, verblasst, lässt seine Arbeit aus den Händen fallen und lauft, was seine Beine mögen. Da lachte der andere, sprechend: »Der denkt, mei' Seel, i wandele geistweis! D'Leut hant g'wiss mi für tot hiag'sait, anstatt mein' Herra – ei so schlag!«

Jetzt ging er zu dem Teich, knüpfte sein Bündel auf und zog das Lot heraus. Da fiel ihm ein, er möchte doch auch wissen, ob es wahr sei, dass der Gumpen keinen Grund noch Boden habe (er wär gern auch ein wenig so ein Spiriguckes wie sein Herr gewesen), und weil er vorhin in des Seilers Korb drei große starke Schnürbund liegen sehn, so holte er dieselben her und band das Lot an einen. Es lagen just auch frischgebohrte Teichel, eine schwere Menge, in dem Wasser bis gegen die Mitte des Topfs, darauf er sicher Posto fassen konnte, und also ließ er das Gewicht hinunter, indem er immer ein Stück Schnur an seinem ausgestreckten Arm abmaß, drei solcher Längen auf ein Klafter rechnete und laut abzählte: »1 Klafter, 2 Klafter, 3, 4, 5, 6, 7, 8, 9, 10«, da ging der erste Schnurbund aus, und musste er den zweiten an das Ende knüpfen, maß wiederum ab und zählte bis auf 20. Da war der andere Schnurbund gar. »Heidaguguk, ist dees a Tiafe!« und er band den dritten an das Trumm, fuhr fort zu zählen: »21, 22, 23, 24 – Höll-Element, mei' Arm will nimme! – 25, 26, 27,

28, 29, 30 – Jetzet guat Nacht, 's Mess hot a End! Do heißts halt, mir nex, dir nex, rappede kappede, so isch usganga!« Er schlang die Schnur, bevor er aufzog, um das Holz, darauf er stand, ein wenig zu verschnaufen, und urteilte bei sich: »Der Topf ist währle bodalaus.«

Indem der Spinnerinnen eine diesen Schwank erzählte, tat die Wirtin einen schlauen Blick zur Lau hinüber, welche lächelte; denn freilich wusste sie am besten, wie es gegangen war mit dieser Messerei; doch sagten beide nichts. Dem Leser aber soll es unverhalten sein.

Die schöne Lau lag jenen Nachmittag auf dem Sand in der Tiefe, und, ihr zu Füßen, eine Kammerjungfrau, Aleila, welche ihr die liebste war, beschnitte ihr in guter Ruh die Zehen mit einer goldenen Schere, wie von Zeit zu Zeit geschah. Da kam hernieder langsam aus der klaren Höh ein schwarzes Ding als wie ein Kegel, des sich am Anfang beide sehr verwunderten, bis sie erkannten, was es sei. Wie nun das Lot mit neunzig Schuh den Boden berührte, da ergriff die scherzlustige Zofe die Schnur und zog gemach mit beiden Händen, zog und zog, so lang, bis sie nicht mehr nachgab. Alsdann nahm sie geschwind die Schere und schnitt das Lot hinweg, erlangte einen dicken Zwiebel, der war erst gestern in den Topf gefallen und war fast eines Kinderkopfes groß, und band ihn bei dem grünen Schossen an die Schnur, damit der Mann erstaune, ein ander Lot zu finden, als das er ausgeworfen. Derweile aber hatte die schöne Lau den Krackenzahn im Blei mit Freuden und Verwunderung entdeckt. Sie wusste seine Kraft gar wohl, und ob zwar für sich selbst die Wasserweiber oder -männer nicht viel darnach fragen, so gönnen sie den Menschen doch so großen Vorteil nicht, zumalen sie das Meer und was sich darin findet von Anbeginn als ihren Pacht und Lehn ansprechen. Deswegen denn die schöne Lau mit dieser ungefähren Beute sich dereinst, wenn sie zu Hause käme, beim alten Nix, ihrem Gemahl, Lobs zu erholen hoffte. Doch wollte sie den Mann, der oben stund, nicht lassen ohne Entgelt, nahm also alles, was sie eben auf dem Leibe hatte, nämlich die schöne Perlenschnur an ihrem Hals, schlang selbe um den großen Zwiebel, gerade als er sich nunmehr erhob; und daran war es nicht genug, sie hing zuteuerst auch die goldne Schere noch daran und sah mit hellem Aug', wie das Gewicht hinaufgezogen ward. Die Zofe aber, neubegierig, wie sich das Menschenkind dabei gebärde, stieg hinter dem Lot in die Höhe und weidete sich zwo Spannen unterhalb dem Spiegel an des Alten Schreck und Verwirrung. Zuletzt fuhr sie mit ihren beiden aufgehobenen Händen ein maler viere in der Luft herum, die weißen Finger als zu einem Fächer oder Wadel ausgespreizt. Es waren aber schon zuvor auf des Vetters Seilers Geschrei viel Leute aus der Stadt herausgekommen, die standen nun um den Blautopf her und sahn dem Abenteuer zu, bis wo die grausigen Hände erschienen; da stob mit eins die Menge voneinander und entrann.

Der alte Diener aber war von Stund an irrsch im Kopf ganzer sieben Tage und sah der Lau ihre Geschenke gar nicht an, sondern saß da, bei seinem Vetter, hinterm Ofen, und sprach des Tags wohl hundertmal ein altes Sprüchlein vor sich hin, von welchem kein Gelehrter in ganz Schwabenland Bescheid zu geben weiß, woher und wie oder wann erstmals es unter die Leute gekommen. Denn von ihm selber hatte es der Alte nicht; man gab es lang vor seiner Zeit, gleichwie noch heutigestags, den Kindern scherzweis auf, wer es ganz hurtig nacheinander ohne Tadel am öftesten hersagen könne; und lauten die Worte:

»'s leit a Klötzle Blei glei bei Blaubeura,
glei bei Blaubeura leit a Klötzle Blei.«

Die Wirtin nannte es einen rechten Leirenbendel und sagte: »Wer hätte auch den mindesten Verstand da drin gesucht, geschweige eine Prophezeiung!«

Als endlich der Curt mit dem siebenten Morgen seine gute Besinnung wiederfand und ihm der Vetter die kostbaren Sachen darwies, so sein rechtliches Eigentum wären, da schmunzelte er doch, tat sie in sicheren Verschluss und ging mit des Seilers zu Rat, was damit anzufangen. Sie achteten alle fürs Beste, er reise mit Perlen und Schere gen Stuttgart, wo eben Graf Ludwig sein Hoflager hatte, und biete sie demselben an zum Kauf. So tat er denn. Der hohe Herr war auch nicht karg und gleich bereit, so seltene Zier nach Schätzung eines Meisters für seine Frau zu nehmen; nur als er von dem Alten hörte, wie er dazu gekommen, fuhr er auf und drehte sich voll Ärger auf dem Absatz um, dass ihm der Wunderzahn verloren sei. Ihm war vordem etwas von diesem kund geworden, und hatte er dem Doktor, bald nach Herrn Conrads Hintritt, seines Vaters, sehr darum angelegen, doch umsonst.

Dies war nun die Geschichte, davon die Spinnerinnen damals plauderten. Doch ihnen war das Beste daran unbekannt. Eine Gevatterin, so auch mit ihrer Kunkel unter ihnen saß, hätte noch gar gern gehört, ob wohl die schöne Lau das Lot noch habe, auch was sie damit tue? Und red'te so von weitem darauf hin; da gab Frau Betha ihr nach ihrer Weise einen kleinen Stich und sprach zur Lau: »Ja, gelt, jetzt macht Ihr Euch bisweilen unsichtbar, geht herum in den Häusern und guckt den Weibern in die Töpfe, was sie zu Mittag kochen? Eine schöne Sach um so ein Lot für fürwitzige Leute!«

Inmittelst fing der Dirnen eine an, halblaut das närrische Gesetzlein herzusagen; die andern taten ein gleiches, und jede wollt es besser können, und keine brachte es zum dritten oder vierten Mal glatt aus dem Mund; dadurch gab es viel Lachen. Zum letzten musste es die schöne Lau probieren, die Jutta ließ ihr keine Ruh. Sie wurde rot bis an die Schläfe; doch hub sie an und klüglicherweise gar langsam:

»'s leit a Klötzle Blei glei bei Blaubeura.«

Die Wirtin rief ihr zu, so sei es keine Kunst, es müsse gehen wie geschmiert! Da nahm sie ihren Anlauf frisch hinweg, kam auch alsbald vom Pfad ins Stoppelfeld, fuhr buntüberecks und wusste nimmer gicks noch gacks. Jetzt, wie man denken kann, gab es Gelächter einer Stuben voll, das hättet ihr nur hören sollen, und mitten draus hervor der schönen Lau ihr Lachen, so hell wie ihre Zähne, die man alle sah!

Doch unversehens, mitten in dieser Fröhlichkeit und Lust, begab sich ein mächtiges Schrecken. Der Sohn vom Haus, der Wirt – er kam gerade mit dem Wagen heim von Sonderbuch und fand die Knechte verschlafen im Stall –, sprang hastig die Stiege herauf, rief seine Mutter vor die Tür und sagte, dass es alle hören konnten: »Um Gottes willen, schickt die Lau nach Haus! Hört Ihr denn nicht im Städtlein den Lärm? Der Blautopf leert sich aus, die untere Gasse ist schon unter Wasser, und in dem Berg am Gumpen ist ein Getös und Rollen, als wenn die Sündflut käme!« – Indem er noch so sprach, tat innen die Lau einen Schrei: »Das ist der König, mein Gemahl, und ich bin nicht daheim!« – Hiermit fiel sie von ihrem Stuhl sinnlos zu Boden, dass die Stube zitterte. Der Sohn war wieder fort, die Spinnerinnen liefen jammernd heim mit ihren Rocken, die andern aber wussten nicht, was anzufangen mit der armen Lau, welche wie tot dalag. Eins machte ihr die Kleider auf, ein anderes strich sie an, das dritte riss die Fenster auf, und schafften doch alle miteinander nichts.

Da streckte unverhofft der lustige Koch den Kopf zur Tür herein, sprechend: »Ich hab mir's eingebildet, sie wär' bei euch! Doch, wie ich sehe, gehts nicht allzu lustig her. Macht, dass die Ente in das Wasser kommt, so wird sie schwimmen!« – »Du hast gut reden!«, sprach die Mutter mit Beben. »Hat man sie auch im Keller und im Brunnen, kann sie sich unten nicht den Hals abstürzen im Geklüft?«–»Was Keller!«, rief der Sohn. »Was Brunnen, das geht ja freilich nicht – lasst mich nur machen! Not kennt kein Gebot – ich trag sie in den Blautopf.« – Und damit nahm er, als ein starker Kerl, die Wasserfrau auf seine Arme. »Komm, Jutta – nicht heulen! – geh mir voran mit der Latern.« – »In Gottes Namen!«, sagte die Wirtin. »Doch nehmt den Weg hinten herum durch die Gärten, es wimmelt die Straße mit Leuten und Lichtern.« – »Der Fisch hat sein Gewicht!«, sprach er im Gehen, schritt aber festen Tritts die Stiege hinunter, dann über den Hof und links und rechts, zwischen Hecken und Zäunen hindurch.

Am Gumpen fanden sie das Wasser schon merklich gefallen, gewahrten aber nicht, wie die drei Zofen, mit den Köpfen dicht unter dem Spiegel, ängstlich hin und wieder schwammen, nach ihrer Frau ausschauend. Das Mädchen stellte die Laterne hin, der Koch entledigte sich seiner Last, indem er sie behutsam mit dem Rücken an den Kürbishügel lehnte. Da raunte ihm sein eigener Schalk ins Ohr: »Wenn du sie küsstest, freute dich's dein Leben lang, und könntest du doch sagen, du habest einmal eine Wasserfrau geküsst.« Und eh er es recht dachte, war's geschehen. Da löschte ein Schuck Wasser aus dem Topf das Licht urplötzlich aus, dass es stichdunkel war umher, und tat es dann nicht anders, als wenn ein ganz halb Dutzend nasser Hände auf ein paar kernige Backen fiel und wo es sonst hintraf. Die Schwester rief: »Was gibt es denn?« – »Maulschellen, heißt man's hier herum!«, sprach er. »Ich hätte nicht gedacht, dass sie am Schwarzen Meer sottige Ding auch kenneten!« – Dies sagend, stahl er sich eilends davon, doch weil es vom Widerhall drüben am Kloster auf Mauern und Dächern und Wänden mit Maulschellen brazzelte, stund er bestürzt, wusste nicht recht wohin, denn er glaubte den Feind vorn und hinten. (Solch einer Witzung brauchte es, damit er sich des Mundes nicht berühme, den er geküsst, unwissend zwar, dass er es müssen tun, der schönen Lau zum Heil.)

Inwährend diesem argen Lärm nun hörte man die Fürstin in ihrem Ohnmachtsschlaf so innig lachen, wie sie damals im Traum getan, wo sie den Abt sah springen. Der Koch vernahm es noch von weitem, und ob er's schon auf sich zog und mit Grund, erkannte er doch gern daraus, dass es nicht weiter Not mehr habe mit der Frau.

Bald kam mit guter Zeitung auch die Jutta heim, die Kleider, den Rock und das Leibchen im Arm, welche die schöne Lau zum letzten Mal heut am Leibe gehabt. Von ihren Kammerjungfern, die sie am Topf in Beisein des Mädchens empfingen, erfuhr sie gleich zu ihrem großen Trost, der König sei noch nicht gekommen, doch mög es nicht mehr lang anstehn, die große Wasserstraße sei schon angefüllt. Dies nämlich war ein breiter hoher Felsenweg, tief unterhalb den menschlichen Wohnstätten, schön grad und eben mitten durch den Berg gezogen, zwo Meilen lang von da bis an die Donau, wo des alten Nixen Schwester ihren Fürstensitz hatte. Derselben waren viele Flüsse, Bäche, Quellen dieses Gaus dienstbar; die schwellten, wenn das Aufgebot an sie erging, besagte Straße in gar kurzer Zeit so hoch mit ihren Wassern, dass sie mit allem Seegetier, Meerrossen und Wagen füglich befahren werden mochte, welches bei festlicher Gelegenheit zuweilen als ein schönes Schaugepräng mit vielen Fackeln und Musik von Hörnern und Pauken geschah.

Die Zofen eilten jetzo sehr mit ihrer Herrin in das Putzgemach, um sie zu salben, zöpfen und köstlich anzuziehen; das sie auch gern zuließ und selbst mithalf, denn sie in ihrem Innern fühlte, es sei nun jegliches erfüllt zusamt dem Fünften, so der alte Nix und sie nicht wissen durfte.

Drei Stunden wohl nachdem der Wächter Mitternacht gerufen, es schlief im Nonnenhof schon alles, erscholl die Kellerglocke zweimal mächtig, zum Zeichen, dass es Eile habe, und hurtig waren auch die Frauen und die Töchter auf dem Platz.

Die Lau begrüßte sie wie sonst vom Brunnen aus, nur war ihr Gesicht von der Freude verschönt, und ihre Augen glänzten, wie man es nie an ihr gesehen. Sie sprach: »Wisst, dass mein Ehgemahl um Mitternacht gekommen ist. Die Schwieger hat es ihm voraus verkündigt ohnelängst, dass sich in dieser Nacht mein gutes Glück vollenden soll, darauf er ohne Säumen auszog, mit Geleit der Fürsten, seinem Ohm und meinem Bruder Synd und vielen Herren. Am Morgen reisen wir. Der König ist mir hold und gnädig, als hieß ich von heute an erst sein Gesponst. Sie werden gleich vom Mahl aufstehn, sobald sie den Umtrunk gehalten. Ich schlich auf meine Kammer und hierher, noch meine Gastfreunde zu grüßen und zu herzen. Ich sage Dank, Frau Ahne, liebe Jutta, Euch Söhnerin und Jüngste dir. Grüßet die nicht zugegen sind, die Männer und die Mägde. In jedem dritten Jahr wird euch Botschaft von mir; auch mag es wohl geschehn, dass ich noch bälder komme selber, da bring ich mit auf diesen meinen Armen ein lebend Merkmal, dass die Lau bei euch gelacht. Das wollen euch die Meinen allezeit gedenken wie ich selbst. Für jetzo, wisset, liebe Wirtin, ist mein Sinn, einen Segen zu stiften in dieses Haus für viele seiner Gäste. Oft habe ich vernommen, wie Ihr den armen wandernden Gesellen Guts getan mit freier Zehrung und Herberg. Damit Ihr solchen fortan mögt noch eine weitere Handreichung tun, so werdet Ihr zu diesem Ende finden beim Brunnen hier einen steinernen Krug voll guter Silbergroschen: Davon teilt ihnen nach Gutdünken mit, und will ich das Gefäß, bevor der letzte Pfennig ausgegeben, wieder füllen. Zudem will ich noch stiften auf alle hundert Jahr fünf Glückstage (denn dies ist meine holde Zahl), mit unterschiedlichen Geschenken, also, dass, wer von reisenden Gesellen der erste über Eure Schwelle tritt am Tag, der mir das erste Lachen brachte, der soll empfangen, aus Eurer oder Eurer Kinder Hand, von fünferlei Stücken das Haupt. Ein jeder, so den Preis gewinnt, gelobe, nicht Ort noch Zeit dieser Bescherung zu verraten. Ihr findet aber solche Gaben jedesmal hier nächst dem Brunnen. Die Stiftung, wisset, mache ich für alle Zeit, solang ein Glied von Eurem Stammen auf der Wirtschaft ist.«

Nach diesen Worten redete sie noch manches leise mit der Wirtin und sagte zuletzt. »Vergesset nicht das Lot! Der kleine Schuster soll es nimmermehr bekommen.« – Da nahm sie nochmals Abschied und küsste ein jedes. Die beiden Frauen und die Mädchen weinten sehr. Sie steckte Jutten einen Fingerreif mit grünem Schmelzwerk an und sprach dabei: »Ade, Jutta! Wir haben zusammen besondere Holdschaft gehabt, die müsse fernerhin bestehen!« – Nun tauchte sie hinunter, winkte und verschwand.

In einer Nische hinter dem Brunnen fand sich richtig der Krug samt den verheißnen Angebinden. Es war in der Mauer ein Loch mit eisernem Türlein versehen, von dem man nie gewusst, wohin es führe; das stand jetzt aufgeschlagen, und war daraus ersichtlich, dass die Sachen durch dienstbare Hand auf diesem Weg seien hergebracht worden, deshalb auch alles wohl trocken verblieb. Es lag dabei: ein Würfelbecher aus Drachenhaut, mit goldenen Buckeln beschlagen, ein Dolch mit kostbar eingelegtem Griff, ein elfenbeinen Weberschifflein, ein schönes Tuch von fremder Weberei und mehr dergleichen. Aparte aber lag ein Kochlöffel aus Rosenholz mit langem Stiel, von oben herab fein gemalt und vergoldet, den war die Wirtin angewiesen, dem lustigen Koch zum Andenken zu geben. Auch keins der andern war vergessen.

Frau Betha hielt bis an ihr Lebensende die Ordnung der guten Lau heilig, und ihre Nachkommen nicht minder. Dass jene sich nachmals mit ihrem Kind im Nonnenhof zum Besuch eingefunden, davon zwar steht nichts in dem alten Buch, das diese Geschichten berichtet, doch mag ich es wohl glauben.

Sagenhafte Frauen

Die Jungfrau aus dem Urschelberg

Es sind schon viele Jahre her, dass in Pfullingen ein junger Bursche namens Frieder lebte, hübsch wie Milch und Blut und von Betragen nicht wie die anderen seines Alters, sondern still und sonderlich. Den Mädchen gefiel er umso mehr, je weniger er mit ihnen machte, und manche nahm ihren Weg so, dass sie ihm begegnete.

Inzwischen dachte ihn seine Mutter zu verheiraten und wählte ihm eine aus, die weder gut noch schlimm, weder warm noch kalt war. Die anderen hießen sie nur die langweilige Lise. Der Frieder aber nahm das so hin und verzog das Gesicht nicht dabei und hätte auch wahrscheinlich einträchtig mit ihr gehaust bis an sein seliges Ende, wenn nicht unvermutet etwas dazwischengekommen wäre. Denn als er eines Abends Holz fällte, allein auf dem Urschelberge, da trat ein Fräulein zu ihm von seltsamer Schönheit, dass es ihm ganz anders wurde.

Sie sah freilich nicht aus wie seine Lise noch wie eines der Mädchen im Dorf. Die sprach zu ihm, sie sei das Bergfräulein und der Berg sei nach ihrem Namen geheißen. Er solle sich nicht fürchten und mit ihr kommen. Der Frieder fasste sich ein Herz, und so führt sie ihn durch den Schacht, den man heute noch sehen kann, tief in den Berg hinein. Da war eine Herrlichkeit, lauter Kristall, Gold und Edelsteine. Darauf gab sie ihm zu essen und zu trinken, setzte sich zu ihm und fing an zu erzählen. Sie sei ein verwünschter Geist, sagte sie, aber er solle nichts Böses von ihr denken. Vor mehr als tausend Jahren sei hier ein Schloss gestanden und darin habe sie geherrscht als der einzige Spross eines alten Königshauses. Da seien ihre bösen Vettern gekommen und haben sie verzaubert und verwünscht, und das Schloss sei versunken in den Berg. In diesem Augenblick habe sie nur noch Zeit gehabt, eine Eichel in den Boden zu treten und ihren Segen darüber zu murmeln. »Diese Eichel«, sprach sie weiter, »wuchs nach und nach auf und wurde zur großen Eiche, und ich beschützte sie, dass jeder, der ihr nahe kam, ein wunderbares Grausen fühlte. Der Baum war uralt, und ich war müde. Da hab ich deinem Vater gestattet, dass er ihn umhieb und zur Wiege für dich machte. Denn dein Vater gefiel mir sehr. So bist du in meinem Baum gewiegt worden und hast die Kraft bekommen, den Zauber zu brechen. Und nun versprich mir, mich zu erlösen.«

Als ihr der Frieder einmal in die Augen geguckt hatte, da musste er ja sagen, und wenn's um seine Seele gegangen wäre. Nun unterwies sie ihn. Dreimal müsse er zu ihr in den Berg kommen, um sie zu küssen, und jedesmal werde sie ihm in einer schrecklicheren Gestalt erscheinen. Aber er solle sich nicht entsetzen, es werde ihm kein Leid geschehen, und gleich nach dem dritten Kuss werde sie ihr menschliches Wesen wieder haben. Inzwischen solle er sich bedenken, bis es an der Zeit sei, und häufig zu ihr kommen. Damit nannte sie ihm die Tage, wo sie in ihrer menschlichen Gestalt zu sehen sei, und begleitete ihn aus dem Berg. Beim Abschied sah sie ihm in die Augen, legte die Hand auf sein Haupt und sprach: »Noch eins muss ich dir sagen, das ich lieber verschwiege: Weil du mich gesehen hast, musst du übers Jahr sterben, ob du mich erlöst oder nicht. So nutze diese Zeit, die du auf keine Weise verlängern kannst, zu meiner Erlösung.« Dabei bat sie ihn so bewegt, dass er ihr's mit Tränen in den Augen versprach.

Der Frieder kam nach Hause, und war er vorher schon still gewesen, so war er jetzt ganz in sich gekehrt und sprach fast mit keinem Menschen mehr. Nach und nach fiel das den Leuten auf. Noch mehr aber fiel es auf, dass er so oft allein auf dem Berg war. Wenn er aber mit den anderen Holz herunterführte, da war es wunderbar zu sehen, wie man die anderen Wagen an dem steilen Berg so mühselig sperren musste, während der Frieder den seinen, der doch der schwerste war, ganz leicht herunterbrachte, ohne einen Bremsklotz einzulegen. Ja, seine Tiere mussten noch ziehen, wenn die anderen kaum halten konnten, denn eine geheime Gewalt stellte ihm die Räder. Nach und nach wurde die Sache ruchbar, und der Frieder selbst machte zuletzt kein Geheimnis mehr daraus. Die anderen sahen's beim Herunterfahren oft mit an, wie sein Arm in der Luft lag, als ob er um einen Hals geschlungen wäre, und dabei konnte er ausrufen: »Seht ihr denn nicht, wie schön sie ist?« Auch hörten sie ihn mit ihr reden, und manche gab's, die schworen Stein und Bein, sie hätten sie antworten hören. Aber von keinem wurde sie gesehen.

Die Sache machte viel von sich reden, so dass der Lis' zuletzt die Langeweile verging. Man sah sie mehr weinen als gähnen, und Frieders Mutter bekam es ebenfalls mit der Angst, umso mehr, als er mittlerweile zwei Küsse gewagt hatte. Wobei ihm der Geist in gar zu schrecklicher Gestalt erschienen sein musste, denn er kam beide Male ganz verstört zurück. Als es nun zum dritten ging, da liefen die Weiber zum Pfarrer, und der ließ den Frieder kommen und vermahnte und bedrängte ihn lange Zeit vergebens. Als aber schließlich alle in ihn hineinredeten, versprach er zuletzt dem Pfarrer mit einem teuren Eid, er wolle nicht mehr hinaufgehen zum Fräulein.

Die aber sah man von nun an jeden Abend auf dem Berg sitzen und mit einem weißen Schleier winken, bis der Tag vorüber war, an dem er den dritten Kuss hätte wagen sollen; dann verschwand sie. Der Frieder aber war tiefsinnig und stumm, und die Reue wollte ihm das Herz abdrücken. Aber nun war's zu spät. Seine Mutter drang in ihn, mit der Lise Hochzeit zu machen. Er willigte ein und bestimmte mit einem traurigen Lächeln den Tag, wie er ihn von dem Fräulein wusste. Von Stunde zu Stunde nahm er ab und wurde immer kränker. Seine einzige Freude war, abends am Fenster zu sitzen und nach dem Berg zu sehen, wenn der Mond dahinter hervorkam. Hinauf ging er nicht mehr.

Eh' man sich's versah, war er einstmals tot, und er wurde an dem Tag begraben, an dem er hätte Hochzeit halten sollen. Aber auf dem Kirchhof begab sich etwas Wundersames. Wie man die Bahre ins Grab hinunterließ, da flog etwas Weißes, wie eine Taube oder ein anderer Vogel, auf die Mauer und flatterte und klagte und wollte sich nicht zufriedengeben. Erst als die Schollen auf den Sarg fielen, da wurde es still. Aber kein Auge hatte gesehen, was es gewesen ist.

Die zwei Nachtfräulein von Pfullingen

Bei zwei Frauen in Pfullingen (im Keßler'schen Hause »auf Wiel« und bei dem sogenannten »Wiel-Weber«) fanden sich regelmäßig an jedem stillen Winterabend zwei Nachtfräulein ein; die waren klein, zierlich und wunderschön gebaut, hatten glänzende Gesichter und schneeweiße, funkelnde Kleider. Sie setzten sich an die Kunkeln der Weiber und spannen flink die feinsten Fäden; waren aber schweigsam gegen die Menschen, und nur unter sich wechselten sie zuweilen einige Worte in kindischer Aussprache. Sobald der Morgen anbrach, gingen sie davon, und man konnte ihr Laternchen bis in die Gegend des

Nachtfräuleinloches sehen. Dann war auf einmal alles verschwunden. Der Flachs indes war jedesmal abgesponnen, wie groß die Kunkeln auch gewesen waren.

Plötzlich aber blieben sie aus. Als Grund davon erzählt man sich Folgendes: Der Wiel-Weber hatte einst Fruchtmangel und klagte diese Not seinem Weibe, als eben die Nachtfräulein da waren. Da bot ihm das eine Fräulein Frucht an, so viel er begehre, jedoch unter der Bedingung, dass er nach der Ernte alles zurückgebe; nur dürfe das Korn nicht am Sonntag gedroschen sein. – Abends standen zwei Säcke voll herrlicher Frucht an der Treppe, niemand wusste, wie sie hergekommen waren. Als der Wiel-Weber nun nach der Ernte das entlehnte Korn in denselben Säcken wieder an die Treppe stellte, da blieb es Tage und Wochen lang unberührt stehen. Endlich kam eine von den beiden Nachtfräulein und sprach, indem sie bitterlich weinte, die Frucht sei am Sonntag gedroschen; sie könne jetzt nimmer zu den Menschen kommen, da man sie betrogen. Darauf verschwand sie, und seitdem hat man nichts mehr von den beiden Nachtfräulein gesehen. Mit ihnen war aber auch der Segen aus dem Hause gewichen. Der Wiel-Weber hatte wirklich die Frucht am Sonntag gedroschen, und um zu sehen, was darauf erfolgen möge, hatte er damit bis nachts nach 12 Uhr fortgemacht.

Die Hebamme wird in den Urschelberg geholt

Einst kam ein Mann nach Pfullingen gelaufen und holte eine Hebamme in das Schloss des Urschelberges. Nach einer anderen Aussage holte er sie in einem Wagen ab, und der sei so schnell gefahren, als ob der Wind ihn durch die Luft getrieben. Nachdem die Hebamme sodann die Frau des Mannes entbunden und reichlich gegessen und getrunken hatte, sprach der Mann: »Geld hab ich nicht, aber deinen Lohn hab ich dir da in die Schachtel gelegt!« Mit diesen Worten überreichte er ihr eine Schachtel, die sie nahm und damit fortging. Weil die Schachtel aber so sehr leicht war, so war die Frau neugierig zu wissen, was sie enthalten möchte, und öffnete sie und sah bei dem Lichte ihrer Laterne – denn es war Nacht –, dass drei Strohhalme darin lagen. Etwas ärgerlich machte sie die Schachtel wieder zu und ließ bei der Gelegenheit einen Strohhalm herausfallen. Als sie aber am anderen Morgen zu ihrem Manne sagte: »Jetzt guck auch nur einmal, was ich gestern verdient habe!« und die Schachtel aufmachte, da lagen zwei Stangen helles, schweres Gold darin. Jetzt hat sie auch den dritten Strohhalm noch gesucht, aber nicht mehr gefunden.

Die Nonne im Urschelberg

Der Urschelberg sei nur des Tages ein Berg, des Nachts aber eine Höhle, in der ein weiblicher Geist bei unendlichen Schätzen auf Erlösung harre. Einst habe ein Bürger von Pfullingen sich zu diesem Versuche entschlossen und sei in der Nacht nach der Höhle gegangen. Dort erschien ihm der Geist in Gestalt einer Nonne und lud ihn ein, mit ihm drei Nächte hintereinander zu speisen, ohne sich zu fürchten und ohne einen Laut von sich zu geben. Dann werde der Geist erlöst sein, der Mann aber den ungeheuren Schatz erheben. Die erste Nacht erschien der Geist in seiner gewöhnlichen Gestalt als Nonne; der Bürger schmauste ohne Furcht und Rede bei ihm. In der zweiten Nacht erschien aber statt der Nonne eine grässliche Schlange vor dem wohlbesetzten Tisch, bäumte sich schwellend und leckte zischend von den Speisen. Der Mann überwand sein Grausen und unterdrückte den Schrei des Entsetzens, der über seine Lippen wollte, des Morgens kehrte er zur Stadt und in sein Haus zurück. Als aber die dritte Nacht herankam, die das Abenteuer enden sollte, da fand man ihn tot auf seinem Lager; der Schrecken der zweiten hatte ihn umgebracht.

Das versunkene Schloss

Dicht bei dem Nachtfräuleinsloch, etwa 170 Schritt unterhalb des »Hämmerle«, erhebt sich ein kleiner Hügel, auf dessen Spitze jetzt ein Signalstein gesetzt worden. Hier soll in alten Zeiten ein Schloss gestanden und mit unendlichen Schätzen in die Tiefe gesunken sein. Auf dem ganzen Platze bleibt winters kein Schnee liegen.

Bei Nacht kam einmal eine Frau aus Reutlingen an dem Platze vorbei und sah plötzlich ein prächtiges Schloss vor sich stehen und ging hinein. Da traf sie Männer und Frauen darin, die gaben ihr zu essen und zu trinken, so viel sie mochte, und als sie hierauf nach Pfullingen kam und die Leute fragte, wem denn das stolze, glänzende Schloss da oben am Berge gehöre, wo sie so herrlich bewirtet worden, da konnte ihr niemand Auskunft darüber geben.

Ebenso sagt man, dass auf der Höhe des eigentlichen Urschelbergs (auf dem Hohberg oder Hauberg) noch ein zweites Schloss versunken sei und nun in der Tiefe des Urschelbergs, der hohl sein soll, von der alten Urschel bewohnt werde. Den ganzen Weg soll eine goldene Kette umschließen und die unterirdischen Schätze des Schlosses zusammenhalten.

Ein Mann aus Pfullingen hatte viel von diesem Schlosse gehört und ging deshalb einmal bei Nacht hinauf. Er fand dort auch richtig ein Schloss und zog an der Glocke, die an der Tür hing, worauf ein weißes Fräulein hervortrat und ihn fragte, was er wolle. Er war verlegen und wusste nicht, was er antworten sollte, und sagte deshalb, er sei verirrt. Da ging das Fräulein zurück, kam aber alsbald wieder mit einer Laterne, um ihm den Weg nach Pfullingen zu zeigen, und führte ihn traurig die Treppe hinab. Während sie miteinander gingen, fragte der Mann sie mancherlei, erhielt aber keine Antwort. Endlich, als er dicht bei seinem Hause war, zeigte das Fräulein darauf hin und sprach: »Da geht's hinein!« Dann wandte es sich um und ging zurück.

Der Mädchenfelsen bei Reutlingen

Zu den Bergen, die bei Reutlingen den Steilabfall der Alb bilden, gehört auch der Übersberg. Er ist kenntlich an der gewaltigen Felsenkrone, die sich weiß und glänzend vom dunkelgrünen Bergwald abhebt. Der Fels gilt der Umgegend als Wetterprophet. Wenn dichte Nebelmassen ihn umhüllen, so deutet das auf anhaltend schlechtes Wetter. Zerreißen aber die über die Albhochfläche hinstreichenden Winde die Nebelkappe, dass sie in weiße Fetzen zerflatternd zu Tale stürzt und der Fels in reinem Weiß im Sonnenschein steht, dann darf man auf gutes und beständiges Wetter hoffen.

Vor langer Zeit, als Reutlingen und Pfullingen noch kleine Dörfer waren, soll sich auf dem Felsen oftmals eine wunderschöne Jungfrau gezeigt haben. Ihr luftiges Kleid war glänzend weiß, und die Nadeln, mit denen sie strickte, waren aus purem Gold.

Stundenlang saß sie im Sonnenschein und schaute hinaus in das Land; denn wunderbar ist die Aussicht von dieser felsigen Höhe. Wer die Jungfrau gewesen ist, weiß man nicht. Manche glauben, sie sei wohl ein Fräulein vom nahen Urschelberge gewesen, wo vor alten Zeiten die Urschel, eine mächtige Fee, ihr schimmerndes Schloss hatte.

Da geschah es, dass die Hunnen in unser Land einbrachen. Sie waren ein wildes Reitervolk und hatten im fernen Ungarlande, weit, weit gegen Osten, ihre Wohnstätten. Dem Lauf des Donauflusses folgend, drangen sie über die Grenze, um Raub und Mord durch die deutschen Gaue zu tragen. Allnächtlich war der Himmel vom Flammenschein der brennenden Dörfer und Siedlungen rot wie Blut, und in das Angstgeschrei der unglücklichen Bewohner mischte sich das wilde Siegesgeheul der Feinde. Um die Freiheit und das nackte Leben zu retten, floh, wer fliehen konnte, in das Dickicht der Wälder, in die Höhlen und Felsklüfte des Gebirges. Aber die Hunnen fanden auch den Weg zu diesen Zufluchtsstätten, und so geschah es, dass auch die einsame Höhe des Übersberges von ihnen erstiegen wurde.

Als einer der Räuber auf dem Felsen draußen die Jungfrau erblickte, schien sie ihm eine herrliche Beute zu sein. Voll Begierde, sie zu fassen, lief er auf sie zu. Aber die Jungfrau hüpfte behend wie eine Gemse von Klippe zu Klippe. Und als sie über dem höchsten Abgrund war und der wilde Geselle sie schon zu fangen vermeinte, sprang sie mit kühnem Sprung in die grausige Tiefe. Wie eine Nebelwolke flatterte ihr weißes Kleid durch die Luft, und unverletzt kam sie unten an, um gleich darauf im dichten Wald zu verschwinden. Der Unhold aber, verblendet von seiner Gier, glaubte den Sprung auch wagen zu können und zerschmetterte am Felsengrund.

Noch heute zeigt man die Stelle, wo dies geschah; den Felsen aber nennt man seitdem den »Mädles- oder Mädchenfelsen«.

Waldeinsamkeit.

Die drei Zauberfrauen im Heiligentäle

Zwischen Möhringen und Tuttlingen ist ein Tälchen, »Heiligentäle« geheißen. Dort, gar nicht weit vom Duttental, wo die »Duttfee« oder »Dupfe« hauste, hielten sich vor alten Zeiten zwei, andere sagen drei Heidinnen auf, die Zauberei verstanden. Die drei Frauen hatten drei wunderschöne Schimmel, die den ganzen Tag weiden und nichts ackern und nichts ziehen durften. Zu den Frauen kamen die Leute von weiter Ferne her, wenn ihnen oder ihrem Vieh etwas fehlte, und holten Heilsames. Vorher mussten die Leute den drei weißen Rossen Ehre erweisen: niederfallen und opfern. Die Zauberfrauen konnten für alles helfen und hatten viele, viele Kenntnis in den heilsamen Kräutern, die sie in Wald und Feld sammelten. Ein Tröpflein aus einem Gütterchen verhalf von der Hexerei, andere Tröpflein ließen die Tiersprache verstehen, wieder andere machten, dass man Diebe und Übeltäter sah und kannte.

Der Hexensprung über das Lenninger Tal

Der Graf zu Wirtemberg, der auf seiner Burg Hohenurach saß, hatte eine wichtige Botschaft an den Kaiser nach Prag zu übermitteln und musste auch so bald wie möglich den kaiserlichen Bescheid in Händen haben. Der Bote sollte, so befahl der Graf, binnen acht Tagen gen Prag und wieder zurück nach Hohenurach reiten. »Das vermag der beste Reiter unter der Sonne

nicht!«, erklärten die Knechte und wagten darum nicht, dem Befehl ihres Herrn nachzukommen. Ein ganzer Tag verging; kein Bote fand sich, und der Graf wurde immer ungeduldiger.

Da meldete sich am Abend ein altes, buckliges Weiblein beim Grafen von Wirtemberg und versprach ihm, seinen Wunsch zu erfüllen. Ehe eine Woche um sei, werde seine Botschaft beim Kaiser und dessen Antwort in des Grafen Hand sein. »Dank, gute Frau«, sagte der Graf, »haltet Ihr Euer Wort, so soll Euch ein reicher Botenlohn werden.«

Die Frau ging nach Hause, setzte einen kohlschwarzen eisernen Topf auf das Herdfeuer und bereitete aus allerlei Wurzeln und Kräutern eine Zaubersalbe. Damit bestrich sie ein Kalb, setzte ihren Mann darauf und schärfte ihm ein, unterwegs ja kein Wort zu sprechen. Dann rief sie: »Hopp hopp auf!«, und schon hob sich das Kalb in die Luft und jagte davon.

Dem Mann verging Hören und Sehen bei dem wilden Ritt durch die Nacht. Aber am Morgen traf er auf der Prager Burg ein, übergab dem Kaiser die Botschaft und erhielt auch sogleich ein Schreiben, das er dem Grafen nach Hohenurach bringen sollte. Ohne Säumen machte sich der Mann auf den Rückweg. Wieder ging's auf dem Kalb hoch in den Lüften wie der Sturmwind über Felder und Wälder, Berge und Täler dahin. Schon war er am Lenninger Tal und mit einem mächtigen Sprung setzte das Kalb von der einen Talwand zur andern hinüber. »Ho! Das war aber ein Sprung!«, entfuhr es unversehens dem Mann und schon lag er auf der Erde, so gewaltig hingeschlagen, dass ihm alle Knochen im Leibe wehtaten. Als er sich wieder erhoben hatte, war das Kalb verschwunden. Es blieb ihm nichts anderes übrig, als den Weg unter die Füße zu nehmen, um noch rechtzeitig mit der kaiserlichen Botschaft auf die Burg Hohenurach zu kommen. Hätte er geschwiegen, wäre ihm viel Mühe erspart geblieben.

Sage von der Schalksburg

Einst gingen junge Leute auf die Schalksburg lustwandeln, die sahen da zwei schöne Jungfrauen, die sich auf den Trümmern der Burg ergingen. Weil sie nun meinten, dass es lebendige Menschen wären, so scheuten sie sich nicht, mit Fragen an sie zu gehen und zu erkunden, wer sie denn wären, und wie so schöne Fräulein in die wilde Einöde kämen. Da antworteten jene: »Wir sind nicht mehr am Leben, wie ihr glaubet; wir sind gebannte Geister und geschworene Jungfrauen; zur Strafe für unsere Sünden müssen wir die Schätze hüten, die in den Gewölben der Burg verborgen liegen, bis einer kommt und uns erlöst. Wollt ihr uns erlösen, so tut also: Drunten am Fuße der Burg, mitten im Tannenwald, findet ihr einen Ahornbaum, er ist der einzige im Walde, den hauet um und schneidet ihn zu Brettern und machet eine Kinderwiege daraus. Dann nehmet ein unschuldiges Kindlein und leget es drein. So werden wir erlöst werden.« Als sie dieses gesprochen, verschwanden sie in dem Gestrüpp. Die jungen Leute aber kam ein Schauer an, und sie gingen hinab in ihr Dorf. Doch suchten sie und fanden den Ahorn, taten in allem, wie ihnen die Jungfrauen gesagt. Und als es geschehen war des Abends, da sah man aus der hohen Schalksburg eine Helle sich erheben wie vom Schein eines Feuers, und alsbald flogen die erlösten Jungfrauen herrlich von Gestalt und mit feurigen Leibern gen Himmel.

Das weiße Fräulein von der Baumburg

Auf der Baumburg bei Hundersingen hausten ehedem gefürchtete Raubritter. Oftmals nahmen sie den armen Bauern mit Gewalt das Saatkorn ab oder hielten sie mitten im Sommer Hetzjagden ab und zerstörten die reifen Getreidefelder. Das letzte Ritterfraulein ihres Geschlechts musste nach ihrem Tod alle die Freveltaten wieder gutmachen. Sie hütete den Schatz, der unter den Trümmern der Burg verborgen lag, und zur Erntezeit geschah

es nicht selten, dass sie vom Berg herunterkam und den Leuten auf dem Felde Brot, Käse, Kuchen und Wein brachte.

    Ein Hundersinger Bauer hatte unterhalb der Burg auch einen Acker. Die Bäuerin wunderte sich sehr darüber, dass der Mann nie ein Vesperbrot mitnahm und fragte ihn darum nach dem Grund. Da erzählte er ihr, dass jeden Tag ein weißes Fräulein zu ihm komme und in einem Körbchen Brot, Wein, Käse und Kuchen mitbringe. Einmal gab es so viel Arbeit, dass auch der Knecht draußen helfen musste. Unterwegs ermahnte ihn der Bauer, dem Fräulein ja nichts zuleide zu tun, falls es heute wiederkomme. Und wirklich – zur Vesperzeit erschien das weiße Fräulein und hatte diesmal für zwei Männer Speise und Trank im Körbchen. Weil aber das silberne Messerchen, mit dem das Fräulein das Brot aufschnitt, dem Knecht so über alle Maßen wohlgefiel, steckte er es heimlich zu sich. Da sah das weiße Fräulein mit traurigem Blick noch einmal über die goldenen Ährenfelder hin, ging weinend fort und kam nie mehr wieder.

Von Herrschern, Rittern, Bürgern und Bauern

Herzog Ulrich und der Bauer

Herzog Ulrich hielt einst ein Jagen im Schönbuch zwischen Bebenhausen, Entringen und Hagelloch. Und als er nun gegen Abend einen mächtig großen Hirsch angetroffen, dass er anfangs schier meinte, es sei ein Gespenst, und demselben spornstreichs nachsetzte, so geriet er weit in den Wald hinein und verlor alsbald den Hirsch wegen der einbrechenden Nacht aus den Augen. Die Hofleute indes glaubten, der Herzog werde Bebenhausen zugeritten sein. Nachdem er aber etliche Stunden im Walde hin- und hergeritten war und nicht wusste, wo er sich befand, kam er nach Hagelloch, sah ein Licht, ritt darauf zu und rief in das Haus (ein Bauernhaus nicht weit von der Kirche), worauf ein Bauer zum Fenster herausguckte. Sagt der Herzog, der Bauer solle ihn gen Bebenhausen führen, woll' es ihm wohl lohnen; darauf der Bauer antwortet: »Ihr Gesellen meint, wann ihr kommt, so müss' man euch gleich aufwarten; meine Suppe steht auf dem Tisch; wollt ihr warten, bis ich fertig bin, so will ich dann den Weg zeigen.« Worauf der Herzog sagt, der Bauer solle nur allgemach essen, er woll' so lange verziehen.

Als er nun mit dem Nachtessen fertig worden, stund er auf, nahm einen Stecken, und sein Weib zündete ihm bis unter die Haustür. Wie der Bauer aber den Herzog Ulrich besehn hatte, ging er wieder zurück, worauf der Herzog sagte, er solle doch nicht entweichen, woll' es ihm ja wohl lohnen; worauf der Bauer versetzte: »Ei Herr, es ist euch Gesellen nicht allweg zu trauen; ich will für den Stecken lieber meinen Spieß nehmen.« – Auf dem Wege fragte Ulrich dann mancherlei, sonderlich von den Jägern, Amtleuten und andern, worauf der Bauer geantwortet, wie's ihm ums Herz gewesen.

In dem Gespräch kommen sie beide auf eine Höhe, in ein weit Wiesenfeld, welches heißt die Meder, da ist das Feld voll Fackeln und Kerzen, und bliesen und schrien die wirtembergischen Hofleute und Jäger, aber der Herzog ließ sich nichts merken. Als nun solches der Bauer sah, vermeinte er, es seien lauter Gespenster, sagt, er glaube, der Teufel und seine Mutter seien vorhanden, habe auf diesem Weg dergleichen nie gesehen, und hat wollen ausreißen. Der Herzog merkt's, vermahnte den Bauern, er solle bei ihm bleiben, müsse ihm kein Leid widerfahren; der Bauer aber hätte gern wieder umgekehrt, weswegen denn Herzog Ulrich ihm gedrohet, wenn er ihn wolle verlassen, so wolle er eine Kugel durch ihn jagen; er solle nur keck sein, sich an seinem Pferd heben, soll' ihm kein Leid widerfahren. Dem Bauer wird je länger je bänger, kann nicht ausreißen und fürchtet sich vor den Geistern mit ihren Lichtern, indem der Herzog tapfer zusprach. – In dem Gespräch nahet sich der Herzog den Lichtern und Fackeln, nahm sein Jägerhorn und fing an zu blasen, worauf die Hofleute auch stark geblasen, denen der Herzog geantwortet, weswegen dann die Hofleute dem Ton nachgeritten mit ihren Fackeln, denn sie hatten des Herzogs Jägerhorn wohl erkannt. Je näher sie nun herzugekommen, je bänger es dem Bauer worden, der noch immer vermeint, es seien lauter Teufel, dem aber doch Herzog Ulrich immerdar tapfer zugesprochen.

Als nun die Hofleute endlich gar dahergerannt kommen und sagen: »Ach gnädigster Fürst und Herr!« und der Bauer von Ha-

gelloch höret, dass er den Herzog von Wirtemberg begleitet, ist ihm noch bänger worden, weil er den Fürsten so lang hat warten lassen, bis er mit seinem Nachtessen fertig worden, und beneben auch etwas hart mit ihm geredt, und hat wieder ausreißen wollen; aber der Herzog hat ihm zugesprochen, er solle ihn vollends bis gen Bebenhausen begleiten, und hat müssen hinter einem vom Adel sitzen, deshalb der Bauer noch mehr besorget, er werde thurmiren müssen. Aber der Herzog hat den Edelleuten befohlen, sie sollen seinem Geleitsmann redlich zusprechen, welches geschehen. Und hat der Herzog befohlen, den Bauer morgens nicht aus dem Kloster zu lassen, sondern solle sich derselbe bei ihm wieder anzeigen. Als nun dies auch geschehen, hat der Herzog ferner befohlen, man solle ihn bei dem Morgenessen behalten und sollen ihm die vom Adel tapfer zusprechen, darnach hat der Herzog ihn mit allen Gnaden wieder heimziehen lassen und ihm einen Monat Sold verehrt. Diese Historie hat der Bauer (mit dem Zunamen der Gärtner) und seine Söhne nach ihm oft erzählt.

Der Schmeller von Ringingen

Der letzte der Schmeller von Ringingen, der auf dem ererbten freiherrlichen Schloss zu Ringingen hauste, war ein unguter, hartherziger und gewalttätiger Mann. Er hatte auf seiner Burg ein so schlimmes Leben geführt und sich gegen seine Untertanen so ungerecht, grausam und rücksichtslos erwiesen, dass er nach seinem Tode lange Zeit geistweis gehen musste. Hoch zu Ross und in der Gestalt, in der er zu seinen Lebzeiten gewandelt, erschien der Schmeller den Bauern, die in Feld und Wald bei der Arbeit waren, oft am helllichten Tag. Er grüßte sie freundlich, sprach dieses und jenes mit ihnen und war mit einem Mal wieder verschwunden. Nachts ging er im Schloss Ringingen umher, versetzte das ganze Haus in Unruhe und plagte seine Frau, seine drei Töchter und das Hausgesinde bis aufs Blut. Zuletzt nahm das böse Treiben so überhand, dass die Witfrau samt ihren Töchtern das Schloss verließ und nach Rottenburg zog.

Während das Schloss öde und verlassen stand, beschlossen einige Ringinger Bauernburschen und Stallknechte, eine Nacht auf dem alten Spukschloss zu verbringen, um zu sehen, was für ein Unwesen der Geist da oben treibe. Sie nahmen zu essen und zu trinken und auch etliche Kerzen mit, gingen in das Gemach, in dem es am meisten spukte, und verriegelten die Tür. Weil es

Winter und sehr kalt war, machten sie ein Feuer im Kamin, setzten sich an den Tisch und ließen sich's schmecken. Drauf legten sie sich zum Schlafen nieder. Als sie um Mitternacht erwachten, war es eiskalt in der Stube, und sie sagten untereinander: »Wir sollten Holz holen und das Feuer wieder schüren.« Da trat unversehens der Geist durch die Türe, obwohl die doch fest verriegelt war, ging zum Kamin und schürte das Feuer dermaßen, dass die Männer vor Hitze fast erstickten. In der Gestalt, wie sie ihn zu Lebzeiten gekannt und oftmals gesehen hatten, kam der Schmeller zu ihnen heran und fragte mit grimmigem Lachen: »Ist es jetzt warm genug?« Die Männer waren so erschrocken, dass sie mehr Toten als Lebendigen glichen und keine Antwort zu geben wagten. Da wandte sich der Geist ab und ging wieder zur verschlossenen Tür hinaus. Erst als es heller Tag war, fanden die Männer den Mut, die Stube und das Schloss zu verlassen. Sie waren froh, dass sie heil nach Hause kamen und verspürten hernach kein Gelüsten mehr, in dem Spukschloss über Nacht zu sein und diesem ungeheuerlichen Ofenheizer ein zweites Mal zu begegnen.

Inzwischen war der Schmeller seinem Weib nach Rottenburg nachgefolgt und plagte sie und die drei Töchter dort nicht weniger als vormals auf dem Schloss. Darum zog sie bald wieder auf ihre eigene Burg nach Ringingen zurück. Zu dieser Zeit war ein Landsknecht, der aus Killer gebürtig war und den Schmeller von früher her gut kannte, aus dem Krieg heimgekehrt. Er wusste jedoch nichts davon, dass der Herr gestorben war und zur Strafe für seine Untaten als Geist umgehen musste.

Als er nun eines Tages durch den Wald das Killertal hinaufging, kam plötzlich der Schmeller auf seinem Ross leibhaftig dahergeritten. Der Kriegsmann grüßte ihn ehrerbietig und fragte, wohin er reite. »Nirgends hin. Ich bin tot!«, gab der Schmeller zur Antwort. »Wahrlich, Junker, Ihr spaßt, Ihr seid doch nicht tot!«, sagte der Landsknecht und dachte bei sich, der Edelmann sei wohl nicht mehr recht im Kopf, wie dies ja hin und wieder vorkomme. »Fürwahr, Junker«, sagte er nochmals, »Ihr seid nicht tot! Denn wenn Ihr gestorben wäret, wie Ihr vermeint, so würdet Ihr nicht hier umherreiten!« Da versicherte ihm der Schmeller abermals, dass er wirklich tot sei, und tat ihm auch offen kund, warum er keine Ruhe im Grab finde und als Geist umgehen müsse: Er habe bei seinen Lebzeiten auf der Jagd mit Rossen und Hunden den armen Bauersleuten die Krautäcker und Fruchtfelder verwüstet; er habe ohne Gewissen und Gerechtigkeit, je nachdem er einem geneigt gewesen oder nicht, den einen begünstigt und dem andern sein Weniges abgenommen; er habe wider alle Billigkeit und Recht den Zehnten eingezogen und mehr, habe aus Neid und schnöder Habsucht mit Gewalt Zins eingetrieben und die arme Gemeinde Ringingen sündhaft übervorteilt und ihr großen Schaden zugefügt. Mit alldem habe er Gottes Zorn auf sich gezogen, und wenn die Seinen nicht alles, was er einstmals zu Unrecht erworben, wieder an die geschädigten Untertanen zurückgäben, müsse er in Marter und Pein ruhelos umgehen bis an den Jüngsten Tag.« »Ach, Junker«, sagte daraufhin der Kriegsmann, »wenn Eure Frau und Eure Kinder das wüssten, zweifelt nicht, sie würden Euch gewiss helfen!« – »Oh, sie wissen es wohl!«, erwiderte der Schmeller. »Ich habe es ihnen schon des öfteren gesagt und ihnen darum auch nachts keine Ruhe gelassen und sie geplagt und in Angst versetzt, damit sie von ihrer Hartherzigkeit abstehen und das unrechte Gut wieder heimgeben. Es half aber alles nichts; sie wollen auf den Genuss nicht verzichten. Ich bitte dich, alles, was ich dir jetzt zu wissen getan habe, meinem Weib nochmals kundzutun und es auch im ganzen Dorf bekannt zu machen – vielleicht dass sie sich dann meiner erbarmen und ich von meiner schweren Pein endlich erlöst werde.«

Der Mann versprach, alles getreulich nach seinem Wunsche zu tun, meinte aber: »Ich fürcht nur, edler Junker, man wird mir nicht glauben und sich lustig über mich machen!« Da nahm der Schmeller sein Junkerhütlein ab, setzte es ihm auf den Kopf und sagte: »Bei diesem Wahrzeichen wird meine Frau samt den Töchtern dir Glauben schenken. Und nun geh und sieh nicht hinter dich, wenn dir dein Leben lieb ist!« Kaum hatte der Mann sich entfernt, brach hinter ihm ein Sturmgetöse, Prasseln und Wüten los, als ob Berg und Tal zusammenstürze. So schnell er nur konnte, machte er sich davon, denn ihm war ohnehin bei dieser Unterhaltung nicht geheuer gewesen. Als er aber nach Killer hinunterkam, wurde er von seinen Freunden und Verwandten nicht wiedererkannt, denn er war an Haar und Bart schneeweiß geworden.

Der Landsknecht ging unverzüglich aufs Schloss und berichtete der Schmellerin alles, was ihr Mann ihm im Wald erzählt hatte und um was er sie durch ihn bitten lasse. Da er ihr des Junkers Hut vorweisen konnte, glaubte sie ihm, aber sie ließ sich nicht erweichen, auch nur einen Schuhbreit Land oder einen Gulden Zins herauszugeben. Von Stund an plagte der Geist sie samt Töchtern und Hausgesind noch schlimmer als zuvor. Unversehens trat er, manchmal in grausiger Gestalt, unter sie und versetzte sie in größte Angst. Seine jüngste Tochter aber, Agnes mit Namen, die ihm die liebste gewesen und die er immer nur »Englein« genannt hatte, warnte er jedesmal mit dem Ruf: »Englein, hüt dich! Liebes Englein, ich komme!« Im Sommer, wenn die Sonne am heißesten brannte, erschien der Schmeller plötzlich, sperrte sein Weib und die zwei älteren Töchter in der Kemenate ein und legte ein solches Feuer in den Kamin, dass sie fast zu ersticken drohten. Etliche Male kam er nachts in die Schlafkammer seiner Frau, riss sie aus dem Bett und tat, als ob er sie zum Fenster hinauswerfen wolle. Immer wieder bat er sie, sich seiner zu erbarmen und sein getanes Unrecht wieder gutzumachen. Als aber alles nichts helfen wollte, schlug er eines Morgens das große Leintuch um sein Weib, knüpfte die vier Zipfel zusammen und hing so die Schmellerin an einen Nagel vors Turmfenster hinaus. Er ließ sie so lange draußen schreien und jammern, bis sie in Not und Todesangst alles zu tun gelobte, was er schon so lange Zeit von ihr erbeten hatte. Als der Pfarrer über seinem Grab auf dem Ringinger Kirchhof das Gebet sprach, erschien der Schmeller noch einmal in seiner leiblichen Gestalt und dankte allen für seine Erlösung. Danach wich er von ihnen, und niemand hat ihn seitdem wieder gesehen.

Hans Lapp und die Bauern von Wittershausen

Graf Johannes von Zimmern war als wunderlicher, alberner Herr überall bekannt, und es ist begreiflich, dass er wegen seines läppischen Wesens den Beinamen »der Lapp« erhielt. Darum geschah es auch häufig, dass die Leute sich über ihn lustig machten. Dies widerfuhr ihm auf sonderliche Weise einmal in dem Dörflein Wittershausen, dessen Bewohner als besonders kluge und schlaue Leute galten.

Eines Tages also erfuhren die Wittershauser Bauern, dass Hans Lapp durch ihr Dorf reiten werde, und weil sie den abenteuerlichen Herrn kannten, erlaubten sie sich einen Spaß mit ihm. Sie gingen, fast ein Dutzend an der Zahl, vors Dorf hinaus und setzten sich am Straßenrand in einem Kreise auf und zwar so, dass sie alle ihre Füße ineinander verschränkten. Als sie nun den Lapp heranreiten sahen, fingen sie an, laut zu zanken und miteinander zu streiten, griffen sich an den Haaren, verzerrten die Gesichter und schrien lauthals um Hilfe. »Was habt ihr denn miteinander, ihr Kerle?!«, fragte Graf Johannes. »Ach, gnädiger Herr!«, riefen sie, »wir haben unsere Füße untereinander verloren und nun sucht jeder die seinigen wiederzubekommen.« Wegen dieser spaßigen Antwort brach der Lapp in ein schallendes Gelächter aus. »Allen Ernstes, Herr«, sagte da einer der Bauern, »schlichtet unsern Streit. Wenn Ihr jedem von uns wieder zu seinen eigenen Füßen verhelfen könnt, so wollen wir Euch dafür gerne jährlich einen Sack voll Korn als Sondergült (Abgabe) schicken.« Der Lapp nahm sie beim Wort, schnitt einen Stecken und schlug damit so lange auf die Beine der Bauern los, bis jeder die seinigen wieder an sich nahm und aus dem

Gras aufstand. Ehe der Graf sie aber heimgehen ließ, mussten sie ihm eine Urkunde unterschreiben über einen Sack Korngült, den sie jedes Jahr an Michaeli aus freien Stücken liefern wollten. Herr Johannes von Zimmern aber, den es im Stillen doch verdross, dass sich die Bauern von Wittershausen einen so dreisten Spaß mit ihm erlaubt hatten, gedachte ihnen solche Späße ein für allemal zu entleiden.

Es war in der ihm von den Bauern ausgehändigten Urkunde nicht gesagt, wieviel Simri Korn der Sack fassen sollte. Nun ließ Herr Johannes einen dermaßen großen Sack machen, dass er, mit Korn gefüllt, kaum auf einem Leiterwagen fortgefahren werden konnte. Mit diesem Sack schickte er an Michaeli seinen Vogt nach Wittershausen, um die Korngült einzuziehen. Beim Anblick dieses gewaltigen Sackes erschraken die Bauern nicht wenig, denn sie hatten nur den üblichen Sack gemeint, der einen halben Malter fasste. Weil aber in der verflixten Urkunde nicht von einem halben Malter, sondern einfach von einem Sack die Rede war, so mussten sie eben gute Miene zum bösen Spiel machen und den ungeheuren Sack mit Korn füllen. Für dieses Mal waren sie dem Lapp auf den Leim gegangen; aber, so trösteten sie sich, es werde schon einmal Gelegenheit geben, wo sie ihren Schaden wieder gutmachen konnten.

Die Wittershauser Bauern sannen hin und her, bis sie endlich auf einen glücklichen Einfall kamen. Sie schickten zwei aus ihrer Mitte als Abordnung zum Grafen Johannes, um ihm untertänigst die Bitte vorzutragen, er möge ihnen doch gnädigst gestatten, in seinen Waldungen einen größeren Baum zu fällen und selbigen auch durch den Wald abzuführen – denn sie sollten notwendig zum gemeinen Nutzen einen Stall für das Weidvieh bauen, in dem es bei Unwetter Schutz suchen könne. Der Graf willfahrte ihrer Bitte, und die Bauern zogen in den herrschaftlichen Wald hinaus und fällten den stärksten und höchsten Baum, der zu finden war. Drauf schickten sie abermals einige Abgesandte zum Grafen mit der Bitte, er möge sie doch gnädigst einen Weg durch den dichten Wald machen lassen, damit sie den gefällten Baum abführen könnten, den sie sonst wegen seiner Größe gar nicht heimbrächten. Herr Johannes, an nichts Arges denkend, gewährte ihnen auch diese Bitte. Was taten aber die schlauen Wittershauser Bauern? Sie legten den ungeheuren Baum nicht der Länge, sondern der Breite nach auf den Wagen, und so breit der Baum von der Wurzel bis zum Wipfel war, hauten sie mit ihren Äxten alles nieder, was da an Bäumen und Jungholz im Wege stand, holten alle ihre Leiterwagen zusammen und fuhren das Holz nach Hause.

Nun war das Lachen auf ihrer Seite. Doch bald wollte es ihnen selber scheinen, als ob sie ihren Spaß zu weit getrieben hätten. Sie benahmen sich fortan respektvoller gegen den Herrn, mieden den Beinamen »der Lapp«, und um den Grafen Johannes von Zimmern wieder mit sich auszusöhnen, übergaben sie ihm und allen seinen Erben und Nachkommen den Kirchenschatz zu Wittershausen.

Der Zauberstein im Blautopf

Zu Zeiten, als die Grafen von Helfenstein das Städtlein Blaubeuren samt der ganzen zugehörenden Herrschaft noch im Besitz hatten, kamen einmal zwei Brüder des gräflichen Geschlechts auf einem Spaziergang zum Blautopf. Da erblickte der eine von ihnen ganz nahe am Rande des wundersamen Quells einen buntfarben schimmernden Stein. Er hob ihn auf und besah ihn. Kaum hatte er den Stein in die Hand genom-

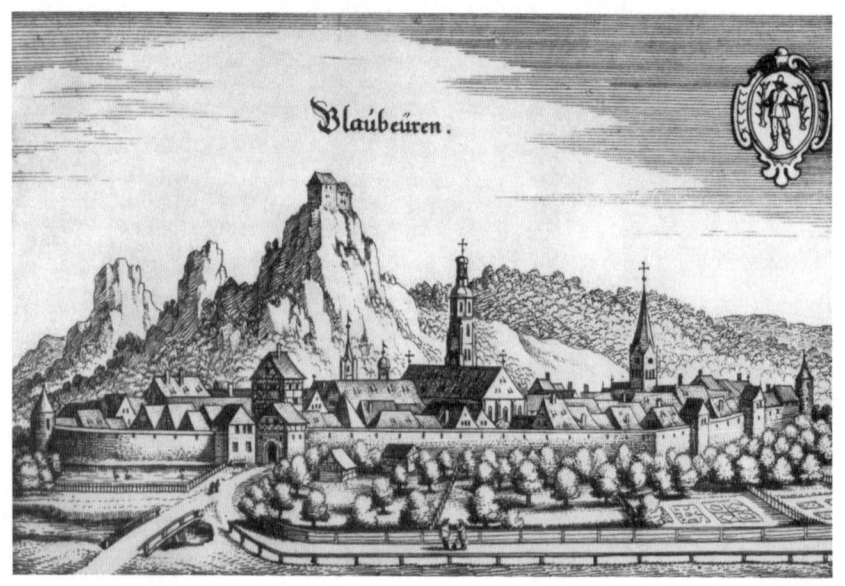

men, war er den Blicken seines Bruders entschwunden. Verwundert schaute der sich um, rief den andern bei seinem Namen und fragte, wo er denn so schnell hingekommen sei. Der Angerufene antwortete, dass er doch hier sei und zuallernächst bei ihm stehe. Da wunderte sich der andere noch mehr, weil er den Bruder wohl hören, aber nicht sehen konnte, und fragte, wie er denn das zuwege gebracht habe. Da gab ihm der Bruder den Stein in die Hand und im Augenblick, da der ihn ergriff, war auch er unsichtbar geworden. Der zuerst verzauberte Bruder aber stand allein am Rande der geheimnisvollen Quelle.

Nun wussten die Brüder, dass die Wunderkraft von dem Steine ausging. Lange beratschlagten sie, was sie mit dem zauberkräftigen Kleinod anfangen sollten. So kostbar es ihnen auch erschien, konnten sie sich doch nicht darüber freuen. Sie bedachten, was für Übel und Unheil ihre Nachkommen vielleicht mit ihm anstiften könnten, und glaubten, dass durch diesen Stein nicht nur Glück, sondern auch Unglück über ihr Geschlecht kommen könnte. Und so beschlossen die beiden Brüder, lieber auf den Zauberstein zu verzichten und warfen ihn in den Blautopf. Dort ruht er in dunkel verborgener Tiefe bis zum heutigen Tag.

Die Geister im Blautopf

Rings um Blaubeuren ragen über dem Blautal die Ruinen der Burgen Ruck, Hohengerhausen und Blauenstein. Die Herren, die vor tausend Jahren auf diesen Burgen saßen, sollen Angehörige eines Grafengeschlechts gewesen sein, das der Herzog von Schwaben in den Rang der Pfalzgrafen von Tübingen erhoben hatte. Sie nahmen nun ihren Sitz in Tübingen, nur ab und zu kehrte einer für wenige Wochen auf das väterliche Schloss zurück, um in den Wäldern der Alb zu jagen. So nahm auch eines Tages Graf Sigiboto von Ruck mit seinem Gefolge Aufenthalt in der Burg Blauenstein. Bald hallte der Klang der Hörner, das Gekläff der Hunde und der Halloruf der Jäger durch Berg und Tal, und bis in die Nacht hinein war die fröhliche Gesellschaft bei Trunk und Würfelspiel in der Halle versammelt.

Berta, die Tochter des Pfalzgrafen, ein schönes und tugendhaftes Jungfräulein, fand an dem lauten Treiben bei Jagd und Festgelage wenig Gefallen. Sie entfloh dem Lärm, ging an den stillen See hinunter und sah verträumt in die blauen, geheimnisvollen Tiefen. Da war es ihr auf einmal, als werde das Wasser immer heller und lichter. Drunten auf dem Grunde des Sees sah sie ein kristallenes Schloss mit hohen Säulen und Bogenfenstern, und viele schöne Knaben winkten ihr zu und riefen mit lockender Stimme: »Komm herab ins Königsschloss! Komm, du Allerschönste, und sei unsre Königin!« Und plötzlich tauchte aus dem Spiegel des Sees ein herrlicher Jüngling auf, in himmelblauem Gewand, mit einem goldenen Stirnband im lockigen Haar. Berta konnte den Blick nicht von dem schönen Jüngling wenden. Er stieg zu ihr ans Ufer und berührte ihre Stirne mit seinen Lippen. Da erwachte sie aus ihren Träumen. Als sie aber die Augen öffnete, war das liebliche Bild verschwunden.

Von dieser Stunde an war Berta noch stiller und scheuer als zuvor. Niemandem erzählte sie etwas von dem, was sie gesehen, und der Vater wusste sich das träumerische Wesen seiner Tochter nicht zu erklären. So kam der Tag heran, an dem sie ihren 18. Geburtstag feiern sollte. Der Pfalzgraf wollte diesmal das Fest mit besonderer Pracht abhalten und lud dazu die edelsten Herren und Edelfräulein Schwabens auf den Blauenstein. Vielleicht, so hoffte er, werde Berta einen der jungen Ritter zum Gemahl wählen und auf diese Weise ihre einstige Fröhlichkeit wiedererlangen. Am Abend vor dem Geburtstag erstrahlte der Burgsaal in hellstem Glanz. Die Musik spielte, und Berta eröffnete, wie es die Sitte verlangte, den Reigen mit ihrem Vetter, einem Grafen von Calw. Sie kannte den Wunsch ihres Vaters wohl: Wählen sollte sie unter den anwesenden Rittern, wem sie als Gemahlin die Hand reichen wollte. Und doch gehörte ihr Herz schon dem Königssohn auf dem Grunde des Sees.

Da ertönten von ferne die vollen Klänge einer Harfe. Von unsichtbarer Hand geöffnet, sprangen die Türen auf und ein braungelockter Jüngling mit goldenem Stirnband und blauem Mantel trat in den Saal. Er verneigte sich zum Gruß vor den anwesenden Gästen, und seinen Blick auf Berta gerichtet, sang er zu den Tönen der Harfe ein Lied, wie sie schöner noch keines vernommen hatte. Ihrer Sinne nicht mehr mächtig, warf sie sich vor

dem Sänger auf die Knie, und der Königssohn schlang seine Arme um die Kniende, zog sie zu sich empor und küsste sie. Da zuckte ein blendend heller Schein durch den Saal, das Schloss erbebte unter einem gewaltigen Donnerschlag, und als der Graf und seine Gäste wieder zu sich kamen, waren Berta und der schöne Sänger verschwunden. Von Angst erfüllt, liefen die Gäste auf den Burghof und zu ihren Pferden und ritten eilends davon. Am Morgen lag Blauenstein in Schutt und Asche.

Viel mehr als die Trümmer seiner väterlichen Burg schmerzte den Pfalzgrafen der Verlust seines geliebten Kindes. Tagelang irrte er suchend und rufend durch die Wälder und Felsklüfte, bis er endlich nicht mehr darüber im Zweifel sein konnte, wohin seine Tochter gegangen war. Um den Himmel zu versöhnen und, solange er noch lebte, die Heilige Jungfrau um Erlösung seines unglückseligen Kindes zu bitten, gründete er am Rande des Blautopfs ein Kloster. Dort fand man eines Morgens den Grafen tot vor dem Altar. Im Chor der Kirche liegt er begraben.

Die Stiftung der Wurmlinger Kapelle

Graf Anselm von Calw hatte kein Weib und keine Kinder. Darum vermachte er sein Vermögen für den Fall seines Todes seinen Dienern, bestimmte aber, man müsse seinen Leichnam in einem schwarzen Sarg auf einem schwarzen Wagen von schwarzen Stieren ins Land hinausführen lassen, den Stieren freien Lauf geben, den Leichnam an dem Ort bestatten, wo die Tiere von selbst anhalten würden, und über dem Grab eine Kapelle bauen. So tat man nach seinem Tod, und die Stiere hielten auf dem Wurmlinger Berg. Von fünf Ortschaften in der Umgebung wurde geläu-

tet, als man den Grafen droben bestattete. Bald erhob sich über Anselms Grab die Wurmlinger Kapelle.

Auch hielt man noch lange einen Jahrtag, den der Graf zu seinem bleibenden Gedächtnis gestiftet hatte. Dazu kamen am Dienstag nach Allerseelen sämtliche Geistliche des Landkapitels Sülchen-Rottenburg auf den Berg. Jeder bekam aus der Stiftung einen neuen Kübel voll Haber und ein neues Halfter für sein Pferd. Der Kämmerer des Kapitels ließ dazu eine Fuhre dürren Scheiterholzes, einen Sack Kohlen zu einem Feuer ohne Rauch, eine haselbraun gebratene Gans für den Fuhrmann, einen gemästeten dreijährigen Stier, ein drei-, ein zwei- und ein einjähriges Schwein, ein Faß drei-, zwei- und einjähriges Bier und dreierlei Brot auf den Berg schaffen zu diesem Gedächtnismahl. Der Abfall des reichen Mahles kam den Aussätzigen zugute, die an dem Tag auf den Berg kamen und auf der Haut des geschlachteten

Tieres sitzen mussten. Für den Fall, dass je davon abgewichen würde, war bestimmt, dass der jeweils älteste aus dem Geschlecht der Grafen von Calw zu Ross im Bügel stehend einen goldenen Pfennig gegen das Gotteshaus schnellen sollte, zum Zeichen dafür, dass die Stiftung aufgehoben sei.

Die Gründung des Klosters Stetten im Gnadental

Zur Zeit der letzten Hohenstaufenkaiser lebte auf der Burg Hohenzollern ein Graf, der wegen seines groben, streitsüchtigen Wesens in der ganzen Umgegend sehr gefürchtet war. Am liebsten zog er mit Schwert und Speer auf Kriegshändeln durch die Lande. Sein unruhiger Geist ließ ihn zu Hause keine Ruhe finden und darum konnte er sich auch nicht entschließen, in den Ehestand zu treten.

Eines Tages kehrte er jedoch im Grafenschloss zu Dillingen ein, um im trauten Kreise auch wieder einmal etwas auszuruhen. Er fand eine freundliche Aufnahme; die junge, liebenswürdige Tochter des Hauses, Adelheid, bediente ihn und machte einen tiefen Eindruck auf sein Gemüt. Der Graf warb um sie und der Vater gab seinen Segen zu dieser Verbindung. Nach der Hochzeit hielt das Paar festlichen Einzug auf der Stammburg der Zollern und lebte dort glücklich und zufrieden. Die fromme und gütige Frau Adelheid hatte den rauherzigen Grafen gänzlich umgewandelt. Er hatte keine Freude mehr an den Händeln dieser Welt und bereute aufrichtig seine wilde Vergangenheit. Was er einst in der Jugend gefrevelt und an Unrecht begangen hatte, wollte er nun sühnen und wieder gutmachen. Mit Freuden erfüllte er den Wunsch seiner frommen Gattin, am Fuße der Zollernburg das Kloster Stetten im Gnadental zu gründen. Es stand an diesem Ort bereits eine dem heiligen Johannes geweihte Kapelle; der Graf wollte aber das alte Heiligtum seiner neuen Gründung nicht einverleiben. Er ließ Holz und Bausteine in Mengen herbeiführen und auf dem ausersehenen Baugrund lagern. In der Nacht aber wurden Balken und Steine durch unsichtbare Kräfte vom Lagerplatz weggetragen, am Morgen fand man sie in wunderbarer Ordnung neben dem Kirchlein aufgeschichtet. Der Graf nahm dies als ein Zeichen dafür, wo nach Gottes Willen das Kloster errichtet werden solle.

Baumeister und Handwerksgesellen kamen, der Klosterbau machte gute Fortschritte und wurde feierlich eingeweiht. Der Graf von Zollern und seine Gemahlin lebten noch manche Jahre in Glück und Frieden zusammen und fanden nach ihrem Tode in der Gruft der Klosterkirche im Gnadental ihre letzte Ruhestätte.

Sankt Agatha von Villingen

In einer Waldnische eines Hauses an der Ecke Zinsergasse und Brunnengasse stand bis in jüngster Zeit ein Agathafigürchen. Die heilige Agatha wurde früher in der Stadt als Schutzherrin vor Feuersbrunst verehrt. Man weiß von einem Brand, der Villingen um die 150 Jahre nach der Stadtgründung heimsuchte. Die Flammen, die durch das Niedere Tor hereingeschlagen haben, sollen bis an dieses Haus vorgedrungen sein. Dort erloschen sie wunderbarerweise. Man sah hierin eine Wirkung der

Fürbitte der heiligen Agatha und errichtete aus Dankbarkeit an der Hauswand in der Zinsergasse ein Bildstöckchen der Heiligen. Mit der Zeit bildete sich der Brauch, dass die Hausbewohner an jedem Agathentag vor dem Heiligenbild für 24 Stunden eine Laterne brennen hatten. Zugleich wurde in dem Hause fleißig gebetet. Die einen beteten auf dem Speicher, die andern in der Stube, wieder andere im Keller, die Magd betete im Stall.

Achalmsage

Vor langer Zeit war ein Graf namens Egino Herr über den Pfullichgau. Am Fuße des Berges, der sich stattlich über das weite Tal erhebt, gründete er ein Dorf, das dann nach ihm Eningen genannt wurde.

Wie der Berg, auf dem später die Nachfahren des Gaugrafen eine wehrhafte Burg erbauen ließen, zu seinem Namen kam, darüber weiß die Sage Folgendes zu berichten: Eines Tages wurde die Burg von Feinden belagert und nach langem Kampf erobert. Der Schlossherr wurde gefangen genommen und in Ketten abgeführt. Als er die Zugbrücke vor dem äußeren Burgtor überschritten hatte, wandte er seinen Blick noch einmal zurück und rief mit einem Seufzer seiner Bergfeste zu: »Ach Helm, muss ich dich verlassen?« Nach diesen letzten Worten des Grafen erhielt die Burg von ihrem neuen Besitzer den Namen Achel oder Achalm.

Tief unten in der Erde schlingt sich um den Berg eine goldene Kette, und so weit diese Kette reicht, ist das Land geschützt, geht kein Hagel nieder und zündet kein Blitzstrahl. Unermessliche Schätze sind im Innern der Achalm verborgen. Sie werden von zwei riesigen schwarzen Pudeln bewacht. Mancher hat schon versucht, diese Schätze zu heben; doch keinem ist es gelungen. Noch heute kündet davon ein großes Loch an der Nordseite des Berges, das Goldloch genannt.

Der Käsperle von Gomaringen

Kaspar oder Käsperle soll ein Vogt in Gomaringen gewesen sein und die Gemeinde um Ländereien betrogen haben. Deshalb musste er nach seinem Tode umgehen und spukte in einem Haus bei Gomaringen, das man »Aunaut« (Unnot) nannte. Da ist er oftmals in seiner weißen Zipfelmütze mit weißen Strümpfen, mit Schnallenschuhen und mit der Pfeife im Mund gesehen worden. Er klopfte und polterte im ganzen Haus so arg, dass niemand mehr darin wohnen wollte. Besonders unruhig zeigte er sich, wenn die Hausfrau niederkam. Dann nahm er ihr öfter das Kind weg und trug es unter das Bett, tat ihm aber sonst nichts zuleide.

Am ärgsten aber trieb der Käsperle es um Weihnachten. Da sprang er in der Viehkrippe hin und her, dass die Kühe vor Angst brüllten, worüber er jedes Mal laut lachte. Wenn er es allzu arg trieb, rief der Hausherr wohl einmal: »Jetzt bist aber still!« Dann war es eine Weile ruhig. Aber dann ging's wieder los. Um Weihnachten ging der Käsperle auch aufs Feld und klopfte beständig an einem Markstein herum, den er wahrscheinlich versetzt hatte. Auch führte er eine große Schnupftabaksdose bei sich, die wie grünes Moos aussah, und hielt sie den Leuten hin. Wollte aber jemand zulangen und eine Prise nehmen, so zog er sie schnell wieder zurück.

Als endlich das Haus abgebrochen und das Holz nach Gomaringen geführt wurde, spottete man über den Käsperle, der nun allein zurückbleiben müsse. Als aber der letzte Wagen mit Holz abfuhr, saß Käsperle oben drauf, wovon der Wagen so gedrückt wurde, dass er sich ganz zusammenbog und zu brechen drohte. In Gomaringen aber wagte es niemand, den Wagen abzuladen, bis der Geist fortgesprungen war. Sowie aber das Holz verbaut worden war, stellte Käsperle sich auch in dem neuen Haus ein und trieb darin sein altes Unwesen fort. Schließlich hat man sein Grab geöffnet und ihn noch unverwest und blutig darin vorgefunden. Dann hat man ihn zum zweiten Mal in Gomaringen begraben, und seitdem ist er nicht mehr gesehen oder gehört worden, und wird nun erlöst sein.

Der Junker Jäkele

Im Obernwald bei Wurmlingen haust der »Junker Jäkele« oder der »Schimmelreiter«. Derselbe hatte eine halbe Stunde von Wurmlingen, in Poltringen, ein Schloss, wo er nach seinem Tode umging und öfters mit der Pfeife im Mund am offenen Fenster rauchend gesehen worden ist. Gewöhnlich aber hält er sich im Obernwald auf, den deshalb, besonders in früherer Zeit, niemand bei Nacht betrat. Einst jedoch wagte es ein Mann aus Wurmlingen, des Nachts durch den Wald zu gehen. Da begegneten ihm zwei kleine Hunde, die mit einer Kette zusammengebunden waren. Hundert Schritt weiter kam ihm ein zweites Paar Hunde entgegen; die waren größer als das erste und ebenfalls zusammengekettet. Nachdem er wieder hundert Schritt weitergegangen war, traf er ein drittes Paar; die waren ganz groß und auch mit einer Kette aneinandergeschlossen.

Unmittelbar auf diese letzten beiden Hunde folgte der Schimmelreiter und machte ein wildes Geschrei und hielt still, wie der Mann ihm gegenüberstand. Dem ward es angst zumute, und er wäre gern geflohen, wenn er nicht die großen Hunde gefürchtet hätte. Da betrachtete er sich den großmächtigen Gaul mit gelbem Gebiss und den metallenen Halbmond, der unter dem Zaume hing. An dem Schimmelreiter selbst sah er ein Gewehr an der einen und eine Jagdtasche an der andern Seite hängen. Wie er endlich aber an dem Manne hinaufblickte, bemerkte er mit Schrecken, dass er geköpft war und seinen eignen Kopf in einem Teller unterm Arme trug. Das dauerte wohl eine Viertelstunde, dann ritt er weiter.

Es heißt, der Schimmelreiter ziehe vom Obernwald bis ins württembergische Unterland, indem die sechs Hunde, immer zwei und zwei zusammen, vor ihm herlaufen sollen, und er selbst mit hoher Stimme den Jägerruf »Hup! hup!« ausstößt.

Der Schimmelreiter auf Grafeneck

Von Hohenurach nach Schloss Grafeneck führt über die Dottinger Markung der Karlsweg. Herzog Karl ließ ihn anlegen und benützte ihn, wie ja die Geschichte zu erzählen weiß, zu seinen Lustfahrten nach Grafeneck. Manches herzogliche Gefährt mag in wildem Sturm die Dottinger erschreckt haben. Manches Gerücht mag zu ihren Ohren gedrungen sein. In manch ungestümem Ritt mag der Schimmelreiter an den Holzmachern, an den Bauern, vorübergebraust sein. Und heute noch spukt er in den Gemütern. An der Brennte (ein Südhang) und im Kohldeich sind ihm schon Leute begegnet. Auf weißem Schimmel sitze er,

den Kopf trage er unter dem Arm. Wild brause er daher, der Wald rauche, und ehe sich der Bauersmann zum nächsten Atemzug erhole, sei er vorüber.

Das Wunderschwert der Herren von Stöffeln

Auf dem Köpfle zwischen Reutlingen, Gönningen und Gomaringen saßen einst die Herren von Stöffeln. Die waren brave Bauern, pflügten, säten und eggten und schnitten das Korn mit eigener Hand, wenn der Sommer gekommen war. Daneben waren sie aber böse Wegelagerer und überfielen oft harmlose Wanderer und Fuhrleute, raubten sie aus und schlugen sie tot oder schleppten sie in Gefangenschaft auf ihre Burg. Sie waren sogar so schamlos, dass sie Gott für ihren Raub dankten, wenn ihnen ein Fang gelungen war; dann zogen sie ihre langen roten Mäntel an, gingen in die Kirche nach Gomaringen und opferten ein schönes Stück Geld von der Beute.

Zu ihren Raubzügen hatten sie ein wunderbares Schwert, das sich seit unvordenklichen Zeiten im Besitz der Familie befand und sich vom Vater auf den Sohn vererbte. Wenn einer von Stöffeln dieses Schwert führte, durfte er jedermann ungestraft morden. Dafür ist ihnen aber auch der Beiname »die Unbarmherzigen« beigelegt worden. Aber endlich wurden die Burgherren trotzdem von den Reutlingern überwunden und ihre Burg in Schutt und Asche gelegt und nie mehr aufgebaut. Bis heute heißt man das Köpfle zur Erinnerung an die Zeit, da die Ritter droben gehaust haben, die alte Burg.

Der böse Baldegger

Auf einer Burg bei Magolsheim saß einst der Ritter Baldegger, ein hartherziger und grausamer Bösewicht, der wegen seiner Untaten weit um in der Gegend gefürchtet war. Seine Tochter aber, ein schönes Edelfräulein, hatte ein gütiges und engelreines Herz und nahm sich voll Mitleid der Kranken und Bedürftigen im Dorfe an. Tag für Tag kam sie von der Baldegger Burg herunter in die armseligen Hütten, brachte den alten Leuten zu essen, kehrte ihnen die Stuben aus, besorgte die Wäsche und kleidete arme und verwaiste Kinder mit ihren eigenen Gewändern.

Als der Vater von ihren Besuchen bei den gemeinen Leuten im Ort erfuhr, drohte er ihr mit den härtesten Strafen, wenn sie noch einmal gegen seinen Willen die Burg verlasse. Da warf das Fräulein jeden Tag heimlich Brot in den Burggraben hinunter, wo die Frauen und Kinder es am Abend abholen konnten.

Das Unglück wollte es, dass der böse Baldegger einmal vorzeitig von der Jagd heimkehrte und gerade dazukam, als die Tochter das Brot für die Armen über die Mauer warf. Mit gezücktem Schwert sprang der Ritter auf sie los und wollte sie töten. Im selben Augenblick aber stürzte das Fräulein vom Balkon in den tiefen Burggraben, und er in blinder Wut ihr nach. Am andern Morgen wurden beide tot in der Schlucht aufgefunden. Der böse Baldegger musste für seine schwere Schuld jahrelang umgehen, das Edelfräulein aber lebt im dankbaren Andenken der Magolsheimer für alle Zeiten.

Die Brüder von Gundelfingen

Von einem dunklen Verhängnis, das zwei Brüdern von Gundelfingen den Tod brachte, reden noch die Ruinen von Hohen- und Niedergundelfingen, heute noch sichtbare Zeugen von dem Niedergang dieses Geschlechts und dem Auseinanderfallen ihrer ehemals so weitgedehnten Besitzungen. Zwei Brüder saßen einst auf den beiden Burgen, und der auf der alten fluchte dem Vater, der dem jüngeren Sohn die andere Burg hatte bauen lassen, und hasste den Bruder, weil dieser ein Stück vom Vätererbe in Händen hatte, hasste ihn auch, weil er irgendwo weiter unten im Lautertal eine Braut sein Eigen nennen durfte, blühend und schön wie ein Maientag. Und in einer dunklen Nacht ritt er mit seinen Mannen aus und stahl die Braut des Bruders, nahm sie auf sein Ross und wollte mit ihr eiligst nach Hohengundelfingen reiten.

Der von Niedergundelfingen hört das nächtliche Pferdegetrappel das Lautertal heraufkommen, fürchtet einen Überfall, reitet mit seinen Gewappneten den herantrabenden Reitern entgegen und verlangt ihre Losung. Doch die anderen zeigen das blanke Schwert. Ein wilder, verbissener Kampf entspinnt sich, und in der Dunkelheit tötet der Niedergundelfinger die eigene Braut. Da nehmen die von Hohengundelfingen Reißaus und entkommen in die schützenden Mauern ihrer Burg.

Erst am andern Tag erfährt der Niedergundelfinger das Schreckliche, und nun steigt er auf seinen Bergfried und flucht dem Bruder, der von dem Turm seiner Burg höhnisch zu ihm herunterlacht. Das entfacht den Zorn des andern zu höchster Glut. Er greift nach seiner Armbrust, mit ihm hasserfüllt der andere, und die unseligen Pfeile fliegen miteinander von der Sehne, und beide sinken miteinander zu Tode getroffen nieder.

Die unseligen Geister der beiden Brüder aber irren noch heute durch die Ruinen.

Die Sage von der Häsel

Auf der Höhe beim »Grauen Stein« soll früher ein Schloss gestanden haben, an dessen Fuß ein liebliches Bächlein, die Häsel, vorübereilte. Auf dem Schloss hauste ein Graf, der ein munteres Töchterlein hatte. Das Mädchen stieg täglich vom Schloss herab und suchte an der Häsel Blumen und glatte Steinchen. Einmal ging nachts ein schwerer Wolkenbruch nieder und ließ die Häsel zum reißenden Wasser anschwellen. Als das Mädchen am andern Morgen wieder an den Bach hinunterstieg, hörte sie schon unterwegs das Tosen des Wassers. Neugierig, woher das ungewohnte Rauschen komme, beschleunigte sie ihre Schritte. Kaum war sie aus dem Wald getreten, so glitt sie aus und wurde von den Fluten der Häsel fortgerissen. Keine rettende Hand war in der Nähe, und die Hilferufe des Kindes erstickten im Tosen des Wassers. Der Graf bemerkte bald das Fehlen des geliebten Kindes. Alle Leute vom Schloss und der Umgebung ließ er aufbieten, es zu suchen. Alles Suchen mit Haken und Stangen war erfolglos. Da wurde der Graf zornig und stieß einen argen Fluch über die Häsel aus. Er ließ eine große, mit Quecksilber gefüllte Pfanne an die nun wieder still und klar dahinfließende Häsel tragen und goss das Quecksilber hinein. Infolge seiner Schwere fand es einen Weg ins Erdinnere, und das Wasser folgte ihm. Seither ist der Häselbach verschwunden und sein Tal ein Trockental geworden.

Manchmal, in ruhigen Nächten, soll man sie tief unten im Erdreich rauschen hören und dazu die Klagen des unglücklichen Grafen vernehmen. Heute noch befindet sich ganz in der Nähe des grauen Steins (»in der Häsel«) ein Erdloch, »Hexenloch« genannt, das durch das Quecksilber entstanden sein soll und die Häsel verschlungen habe.

Der Villinger Riese Romeias

Vor etwa fünfhundert Jahren lebte in Villingen ein Riesenkerl, der von ganz normal gewachsenen Eltern abstammte, selber aber so groß geworden war, dass er, wenn er durch die Stadt ging, bequem in den zweiten Stock der Häuser sehen konnte.

Er hieß Romäus oder Romeias. Zu seiner Riesengestalt hatte er auch ungeheure Körperkräfte und deswegen hatte er immer einen mächtigen Hunger. Einmal kam er in ein Haus, wo niemand drin war, aber auf einem Tisch ein reichliches Essen für sieben Personen stand. Das aß er alles auf, und als die Leute kamen, fragte er, ob nichts mehr zu essen da sei. Seine Riesenkräfte zeigte er, als er eines Tages einen mit zwei Ochsen bespannten Wagen mit Baumstämmen so beladen hatte, dass die Ochsen den schweren Wagen nicht von der Stelle brachten. Da nahm er kurzerhand die beiden Ochsen, lud die auch noch auf und zog den Wagen mit Stämmen und Ochsen ganz allein nach Hause.

Den Villingern war der Riesenkerl, der an sich ein gutmütiger und nicht gerade übergescheiter Mann war, schon recht und sie machten ihn zum Anführer ihrer Bürgerwehr. Da hat er sich sehr bewährt in manchem kriegerischen Streit, besonders bei einer Auseinandersetzung mit der Nachbarstadt Rottweil. Da watete er ganz einfach durch den Stadtgraben, schlich sich ans Stadttor und schlug die Wachen nieder. Dann drückte er das Tor ein und nahm die beiden schweren Torflügel heraus. Den einen lud er sich auf die Schulter, den andern hängte er am Zeigefinger auf und ging so beladen nach Villingen heim. Unterwegs machte er auf einem Hügel halt und schaute sich in der Gegend um, weshalb dieser Hügel seitdem Guckenbühl heißt. Zum Andenken an diese Tat wurden die Rottweiler Torflügel am oberen Torturm in Villingen eingesetzt.

Aber seine viel bewunderten Heldentaten machten den Romeias schließlich übermütig und er ließ sich dazu hinreißen, über die Stadtväter zu schimpfen. Das konnten die nun nicht vertragen und da sich niemand an den Romeias wagte, ersannen sie eine List, ihn gefangen zu nehmen. Romeias wurde beauftragt, etwas aus dem Verlies des Michels- oder Diebsturms heraufzuholen, wofür ihm eine gute Belohnung versprochen wurde. Als der Riesenkerl in das Verlies hinuntergestiegen war, zog man schnell die Leiter hoch und verschloss den Turm. Seitdem heißt der Michelsturm auch Romeiasturm.

Dem Gefangenen wurde täglich zur Nahrung ein Kalb oder Schaf in das Verlies geworfen. Das aß er stets bis auf die Knochen auf, die Knochen aber sammelte er sorgfältig. Als er davon genug beieinander hatte, steckte er Knochen für Knochen in die Ritzen und Löcher zwischen den Mauersteinen und machte sich so eine Leiter, auf der er eines Tages hinaufstieg bis zum Dach des Turmes. Hier oben fand er einen Haufen Stroh, aus dem er sich ein starkes Seil drehen konnte. Daran ließ er sich außen am Turm herunter und verbarg sich in der Freistatt zu St. Johann. Nach einigen Tagen gelang es ihm, bei einem nächtlichen Gewitter aus der Stadt zu entkommen. Danach belagerte er allein das Schloss Kusenberg, das sich ihm endlich ergeben musste. Das stimmte die Villinger ihm gegenüber wieder gnädig, sie nahmen ihn wieder in der Stadt auf und versorgten ihn mit einer reichlichen Pfründe im Heiliggeistspital bis an sein Lebensende. Ein lebensgroßes Bild von ihm war als Wahrzeichen der Stadt Villingen lange an der Mauer neben dem oberen Tor zu sehen.

Wie Horb und Haigerloch entstanden

Als der Herrgott die Welt erschaffen hatte, waren seine Hände von der harten Arbeit schmutzig geworden. Er rieb sie eine Weile tüchtig gegeneinander, und wie er sich nun den letzten Erdrest von den Fingern streifte, da fielen am Ende noch zwei winzige Lehmklümpchen auf die Erde nieder. Das eine fiel ins Neckartal, das andere ins Eyachtal. Der Herrgott sah ihnen nach und dachte: »Es wäre eigentlich schade drum, wenn sie verloren gingen; ich will zwei Städte aus ihnen machen«, und sprach also zu dem einen: »Du sollst Horb heißen!« und zu dem andern: »Und du Haigerloch!«

Der Esel von Hohenneuffen

Als die Festung noch bestand, fand man bei der zweiten Wache als Wahrzeichen einen Eselsfuß aufgehängt. Die Veranlassung dazu soll diese gewesen sein: Vor Zeiten wurde ein Esel zum Wassertragen gehalten, weil die Festung daran Mangel hatte. Einst aber war sie so enge eingesperrt, dass die Besatzung den bittersten Mangel litt. Da fütterte man den Esel von dem letzten Scheffel Gerste so reichlich, dass er starb. Dann wurde sein wohlangefüllter Wanst über die Mauer hinabgeworfen. Als die Feinde, welche schon auf die Übergabe der Festung gehofft hatten, dies sahen, schlossen sie daraus, dass die Besatzung noch vollauf zu leben hätte, und zogen ab. Dem Esel zum wohlverdienten Andenken wurde einer seiner Füße aufgehängt.

Einst hatte ein gutes Weib von Linsenhofen mit einem dieser Wasserträger Mitleiden und sprach: »Du armer Esel, hast auch zu fressen?« Und als sie krank wurde, vermachte sie dem Esel eine Wiese, welche auch nachmals, als kein Esel mehr gehalten wurde, der Kommandant jährlich mähen und einheimsen ließ. Dies geschah bis ins Jahr 1802, und die Wiese führte den Namen Eselswiese.

Der Waldgraf von Laichingen

Im Walde Hagsbuch bei Laichingen gestattet eine mächtige Felsgrotte, der »hohle Stein« genannt, Zutritt zu unterirdischen Gängen. Hier hat in uralten Zeiten einmal in unterirdischer Klause ein Mann gelebt. Der war ein Wohltäter der Redlichen und Armen, aber nur ganz selten ließ er sich sehen. Zwei Holzhackern aber hat er sich einmal gezeigt. Sie waren frühmorgens von daheim fortgegangen. Doch unterwegs verloren sie ihre Beile. Wie sie nun darüber besorgt im Walde Hagsbuch beieinander standen und ratschlagten, was zu tun sei, sahen sie mit einem Mal einen Mann durchs Gestämme auf sie zukommen, und je mehr er sich näherte, umso größer wurde seine Gestalt.

Da erschraken die beiden Holzhacker sehr, und eilends wollten sie fliehen. Der riesenhafte Mann aber rief ihnen nach: »Bleibt, ich tue niemandem Leides. Ich bin der Waldgraf und will euch helfen. Folget mir!« Also zutraulich gemacht, traten nun die Holzhacker heran. Da nahm sie der Waldgraf bei der Hand, den einen hüben, den andern drüben, und also führte er sie an seine Felsenwohnung, an den »hohlen Stein«. Hier trat er mit ihnen in einen der unterirdischen Gänge, und weit hinein ins Berginnere führte er sie. Dann rief er auf einmal: »Der Waldgraf!« Schaurig klang seine Stimme, und mächtig rollte sie durch die unterirdischen Hallen dahin.

Alsobald aber sprangen, von unsichtbarer Hand geöffnet, zwei Türflügel auf, und man sah in einen großen Saal hinein, wo es funkelte und glitzerte von Gold und von edlem Gestein, so sehr, dass der Glanz den Holzhackern die Augen blendete und dass sie ihr Angesicht abwenden mussten. Nach einer Weile sahen sie dann wieder hin. Aber jetzt war plötzlich alle Herrlichkeit verschwunden, und die Männer stunden nun in einer weiten Halle, wo allerlei Geräte und Gewaffen hingen. »Da leset euch heraus, was euch passt!«, sagte der Waldgraf und deutete auf prächtige Beile, die an der Felswand hingen. Freudig traten die Männer hinzu und nahmen, was ihnen gut und nützlich zu sein deuchte.

Weit hinten aber schimmerten mit rosigem Gefunkel wunderbare Edelsteine herfür, eine ganze Wand voll. »Dort!«, sagte der Waldgraf und deutete auf die Edelsteine. Doch die Holzhacker schüttelten die Köpfe. »Danke!«, sagten sie und wandten sich zum Gehen. Hinaus ging's durch Klüfte und Gänge, und so gelangten sie nach einiger Zeit wieder ins Freie. Als sie nun wieder im Sonnenlicht standen, sagte der Waldgraf zu ihnen: »Ihr seid törichte Leute gewesen. Hättet ihr Gold und Silber gewünscht, so wäre es euch heute in Hülle und Fülle geworden;

nun aber ist das Glück an euch vorübergegangen, und ihr habt nicht zugegriffen. Warum habt ihr das getan?« Er tat, als schelte er sie. Aber einer der beiden Männer entgegnete: »Oh Waldgraf, Gold und Silber wollen wir nicht, was wir aber brauchten, nämlich gute, kräftige Beile, das hast du uns ja gegeben, und wir danken dir dafür. Jetzt können wir an unsere Arbeit gehen.« Sie gaben ihm die Hand und wollten nun sich kurzerhand verabschieden. Der Waldgraf aber hielt sie noch zurück und sagte: »Brav! brav! Das gefällt mir, dass ihr so zufriedene Leute seid. Ich wollte, ich könnte auch so anspruchslos sein wie ihr.« Worauf sie erwiderten: »Versuch's einmal. Arbeite!« Und sie nahmen ihn mit, und er ging hin und fällte mit ihnen Bäume den ganzen Tag.

Als es nun Abend war, sagte der Waldgraf: »Ich verspüre Hunger.« – »So wird es dir desto besser schmecken heute«, sagten die Holzhacker, »komm und nimm vorlieb an unserem Tisch, denn wo man schafft, da isst man auch.« Da wehrte ihnen der Waldgraf und sagte, er wolle nicht unter die Menschen und sie sollen doch ja gewiss niemand sagen, dass sie ihn gesehen hätten. Das versprachen sie ihm, und nun stampfte er den Boden. Der tat sich auf, und da sahen die beiden Männer nun plötzlich in eine unerhörte Pracht hinab. Dann wurde es Nacht.

Am andern Tag aber kam der Waldgraf wieder zu den Männern in den Wald und schlug Holz, und sie förderten ihr Tagwerk so sehr, wie sonst kaum in einer Woche. So am dritten Tag und so durch zwei Wochen hindurch. Und der Waldgraf pries das Arbeiten, weil er sich dabei glücklich fühle. So weit wäre alles gut und recht gewesen. Aber nun war einer der Holzhacker ein schwatzhafter Mann, und eines Samstags nach Feierabend erzählte er seinen Nachbarn die ganze Geschichte. Das hatte zur Folge, dass der Waldgraf sich nie mehr den Menschen zeigte, ihnen auch nie mehr bei der Arbeit half, und auch seine Schätze hat niemand mehr sehen dürfen, so viel sich die Leute auch Mühe gaben, sie zu finden. Im »hohlen Stein« aber scheinen die Zugänge heute wie zugemauert, und nur eine Ente soll einmal noch hineingekommen sein. Sie kam in des Rössleswirts Brunnen von Ennabeuren wieder heraus.

Nikodemus Frischlins Tod

Der zu seiner Zeit hochberühmte Dichter Nikodemus Frischlin aus Erzingen bei Balingen war wegen seiner freimütigen Reden und Schriften auf Hohenurach in Gefangenschaft gebracht worden. Weil ihm die harte Kerkerhaft unerträglich wurde, suchte er durch Flucht zu entkommen. In der Nacht vom 29. auf den 30. November 1590 kroch er durch das Ofenloch zum Gefängnis hinaus, zerschnitt all sein Leinenzeug und drehte sich ein Seil daraus, an dem er sich bis auf die Schlossmauer herabließ. Dann schlug er ein Stück Holz in die Mauer und band das Seil daran. Allein der Mondschein hatte ihn getäuscht. Er hatte die steilste Stelle gewählt und als er halb hinabgelassen war, brach das Seil und er stürzte sich an den gezackten Felswänden zu Tode.

Zwischen den Felsen aber, wo das Blut des armen Dichters verspritzt war, wuchs seitdem ein seltenes, schönes Blümlein hervor, das sich nur auf Hohenurach finden soll und »Totenkopf« oder »Uracher Totenköpfle« genannt wird.

Das Nägelinskreuz

Um das Jahr 1300 trug es sich zu, dass Andreas Nägelin, ein Bauer aus dem Spaichinger Tal, nach Villingen ging, um da den Markt zu besuchen. Unterwegs, in der Gegend der Schonwiesen, sah er ein Kruzifix auf der Straße liegen und war sehr erstaunt über den seltsamen Fund. Er hob ihn auf und verbarg ihn einstweilen in einem nahen Gebüsch. Auf dem Rückwege nahm er dann das Kruzifix mit sich nach Hause und verrichtete täglich zwei Jahre lang seine Andacht vor ihm. Nach dieser Zeit wurde er sehr krank und versank in Bewusstlosigkeit, so dass niemand mehr mit seiner Genesung rechnete. Plötzlich aber erlangte der Kranke sein Bewusstsein wieder und sagte laut folgende Worte: »Lasst dieses Kreuz durch einen zuverlässigen Mann nach Villingen tragen mit der Botschaft, man solle zu Ehren dieses Kreuzes ein Kirchlein erbauen. Villingen wird dann von großen Übeln und Bedrohungen verschont bleiben.« Man erfüllte Nägelins Wunsch, aber der Bote fand in der Stadt kein Gehör und kehrte mit dem Kruzifix unverrichteter Dinge wieder zurück. Einem zweiten Boten ging es ebenso. In der Nacht nach dessen Rückkehr hörte Nägelin deutlich die Worte: »Steh auf, Andreas Nägelin, nimm dies Kreuz und trag es selbst nach Villingen zur Bekräftigung der Gnadenverheißung!« Da fühlte sich Nägelin mit einem Schlag von aller Krankheit und Schwäche befreit. Am Morgen machte er sich mit dem Kreuz auf den Weg nach Villingen. Und ihm ward nun Glauben geschenkt. Die Bürgerschaft baute vor dem Bickentor eine Kapelle, in der das Kreuz aufbewahrt wurde. Es entstand eine Wallfahrt zu dieser Kapelle. Und von nun an geschahen durch das Nägelinskreuz zahlreiche Wunder, auch ließ es der Stadt, besonders während der schweren Belagerung im Jahre 1633, seinen Schutz angedeihen.

Das Nägelinskreuz bewirkt ein Wunder

Als im Schwedenkrieg anno 1633 die Württemberger Villingen angriffen, wurde die Bickenkapelle zerstört, das Nägelinskreuz aber rettete man in die Stadt. Und das war gut so, denn schon wenige Monate später kamen die Schweden selbst vor Villingen, um die Stadt zu beschießen. Die Ringmauern waren schon ein ganzes Stück weit niedergelegt, und die Feinde hätten leicht hier durchbrechen können, wenn nicht schleunigst die Lücken mit

Palisaden und mit Bäumen ausgefüllt worden wären. Die Gefahr war aber immer noch sehr groß, denn es wurden bereits Feuerkugeln in die Stadt geschossen, und alsbald brach Feuer aus, das nur mühsam durch feuchte Tierhäute gelöscht werden konnte. In dieser Not trug man das Nägelinskreuz täglich in der Stadt umher. Als aber der Sturm am heftigsten war, brachte ein Franziskanerpater das Nägelinskreuz auf den Ristturm, steckte es auf einen Schanzkorb, gerade dem Feind entgegen. Da flog eine glühende Kugel aus dem Lager der Feinde auf das Kreuz zu, prallte ab, flog ins feindliche Lager zurück und zündete einige Tonnen Pulver an, wodurch die Feinde großen Schaden erlitten. Am 5. Tag im Wonnemond wurde dann die Belagerung aufgehoben.

Der Frundecker Geisterspuk

Zu den traurigsten Erscheinungen unseres Volkslebens aus früherer Zeit gehört der Aberglaube, wie er in den Hexenverfolgungen und Geistergeschichten sich kundgab. Viel Jammer und Einbuße an Glück und Geld hat es gekostet, bis unser Volk von diesem schlimmen Wahn sich losgerungen hat. Hier ein Beispiel davon: Auf der Bergspitze zwischen Neckar- und Eyachtal nicht weit von Ahldorf, Oberamt Horb, erhob sich einst die Burg Frundeck. Von der stolzen Feste sind nur noch wenige Mauerreste vorhanden. Ein dichter Wald schließt die Zeugen der Vergangenheit ein und vervollständigt das düstere Bild. Es darf einen daher nicht wundernehmen, wenn die Ruine und die nächste Umgebung von furchtsamen Leuten als Geisterwohnung angesehen und so viel wie möglich gemieden wird.

Diese Abneigung wussten zu Anfang des vorigen Jahrhunderts einige Betrüger auszunützen. Eines Tages verbreitete sich nämlich das Gerücht, dass Jakob Kitterer von Möhringen, der früher Musikant gewesen war und nun als Bettler umherstreifte, mit Hilfe des Teufels große Schätze verschaffen könne. Bald hatte er eine gute Kundschaft, die er tüchtig auszubeuten verstand.

Michael Fischer von Obernau, der nicht lange vorher in Gant (Konkurs) geraten war, wollte es mit Kitterer versuchen. Er begab sich in Begleitung mehrerer Männer aus Obernau zu dem Wundermann. Beim »Frundecker Schlösschen«, wohin er seinen Besuch führte, öffnete Kitterer ein Buch und sprach: »Komm heran, du Böser, im gewaltigen Namen Jesu!« Alsbald trat aus dem Gebüsch der Teufel mit den Worten: »Was plagst du mich daher?« Kitterer entgegnete: »Mein Begehr ist, dass drei Leute von dir Geld erhalten.« Der Teufel fragte: »Hast du es schriftlich?« »Ja«, sagte Kitterer, »da hast du es!«, und bot ihm ein Papier. Hierauf forschte der Teufel weiter: »Wie viel Geld wollen die Leute, und wohin soll es kommen?« Darauf erwiderte einer der Männer namens Leypold rasch: »100 000 Gulden in das Haus des Michael Fischer in Obernau, Nr. 76.« »Wann soll es kommen?«, fuhr der Böse fort. »Je bälder, je lieber«, gab Leypold zur Antwort. Und nun erfolgte die frohe Mitteilung: »Am Samstagabend um 10 Uhr wird das Geld eintreffen.« Darauf gaben die Männer dem freigebigen Teufel ihre ganze Barschaft im Betrag von 30 Gulden und wollten sich entfernen.

Da tauchte plötzlich eine weiße Frau aus dem Gebüsch auf. Kitterer hatte sich am schnellsten gefasst und fragte: »Warum erscheinst du uns, und was willst du?« – »Oh Männer«, ertönte eine feine, liebliche Stimme, »was tut ihr! Versündigt euch nicht, gebt euch dem Bösen nicht hin! Schon 300 Jahre wandle ich in dieser Burg und harre auf Erlösung. Michael Fischer aus Obernau kann mein Retter werden. Es sind nur 300 Gulden binnen 3 Tagen nötig. Dafür stelle ich einen Schatz von 31 Millionen Gulden zur Verfügung.« Diese Worte brachten den Teufel scheinbar in große Wut. Er wollte sich auf die Männer stürzen, wich aber immer auf das Gebot der »weißen Frau« sechs Schritte zurück.

Man kann sich die Angst der Obernauer denken. Sie vertrauten das Geheimnis noch weiteren Personen an und brachten die 300 Gulden rasch zusammen. Damit war aber das »weiße Fräulein«, das sich Theodora nannte, beim nächsten Zusammentreffen nicht zufrieden. Es wurden weitere Summen gefordert, die die leichtgläubigen Leute auch aufbrachten.

So gar fürchterlich scheint die Stimme des Teufels nicht gewesen zu sein. Einem Obernauer kam sie wie eine Menschenstimme vor. Daher wollte er erst dann ein Geldopfer reichen, wenn er die versprochene Million sehe. Andere waren von einem einmaligen Anschauen des Teufels so bestürzt, dass sie auf weitere Zusammenkünfte verzichteten und ihre Taschen zuhielten.

Theodora wusste aber für Abwechslung zu sorgen. Nach einigen Tagen erschien sie mit einem anderen gebannten Geiste, der ganz in schwarz gekleidet war. Die beiden »guten Fräulein« beschwerten sich bitter über Kitterer: Er sei ein schlechter Kerl, weil er sich dem Teufel verschrieben und von ihm Geld angenommen habe. Sie dagegen werden, wenn das nötige Geld fließe, innerhalb von 14 Tagen den Schatz gewiss herbeischaffen. Das geforderte Geld kam wieder zusammen, aber das Versprochene blieb natürlich aus. Dies erklärte Theodora damit, dass die Erlöser unter sich Streit bekommen hätten und nicht rechtgläubig seien. Jeder wolle nämlich den Schatz für sich allein haben.

So ging es noch eine Zeit lang fort, bis die Betrüger etwa 4000 Gulden ergaunert hatten. Ein vermögender Müller gab in kurzer Zeit 13, 150 und 180 Gulden. Endlich kam aber das unsaubere Treiben doch vor die Ohren der Behörde. Sie verhaftete Jakob Kitterer und seine Mithelfer, im Ganzen neun Personen. Nach einer langen und eingehenden Untersuchung erkannte das Gericht auf Gefängnisstrafen von 11 Monaten bis zu 9 Jahren.

Man sollte nun meinen, jetzt seien den Betrogenen die Augen aufgegangen. Doch keiner wollte seinen Irrtum einsehen. Das habe man wohl gesehen, sagten sie, dass es nichts Natürliches gewesen sei, sondern Geister. Von einem Betrug könne keine Rede sein. Nur durch Kitterer sei die Sache aus eigennützigen Absichten verzögert worden. In der kommenden 5. Karfreitagsnacht warteten die Dummen an der zerfallenen Burg Frundeck abermals auf den Schatz. Doch ließ sich niemand blicken. Kitterer und der Teufel konnten nicht erscheinen, und die »guten Geister« waren ebenfalls abgehalten.

In der Ruine Frundeck haben sich seither keine »Geister« mehr gezeigt.

Kurfürst Friedrich in Reutlingen

Als am 4. August 1803 Kurfürst Friedrich von Württemberg vom Einsiedel aus die Nebelhöhle besuchte, kam er auch durch Reutlingen. Diese ehemalige Reichsstadt war kurz zuvor württembergisch geworden, und nun war Jung und Alt auf den Beinen, um den neuen Landesherrn, von dessen übergroßer Leibesfülle und merkwürdigen Gepflogenheiten man so vieles schon gehört hatte, mit eigenen Augen zu sehen.

Am Tübinger und am oberen Tor waren zum würdigen Empfang schöne Ehrenpforten errichtet und mit Musik besetzt worden. Die Zünfte bildeten in den Straßen Spalier, und die Behörden samt dem Rat hatten vor dem Tor Aufstellung genommen, um den hohen Herrn willkommen zu heißen. Die Überlieferung aber, es sei am Tor auch ein Sängerchor bereitgestanden, um dem Fürsten ein extra für diesen Zweck gedichtetes und in Musik gesetztes Lied zu singen, dessen Anfang gelautet habe: »Hängt ihn auf – hängt ihn auf – hängt ihn auf den Ehrenkranz!«, ist pure Erfindung und den Reutlingern von übelwollenden Nachbarn angehängt worden um sie zu ärgern.

Endlich donnerten die Kanonen und läuteten die Glocken, und der Kurfürst kam angefahren, den Wagen füllend, an dem sechs Pferde zogen, und begleitet von einer zahlreichen Dienerschaft sowie von den uniformierten Reitern, die ihm die Reutlinger Zünfte entgegengeschickt hatten. Während nun der Oberamtmann und der Rat den Fürsten begrüßten, traten zwölf junge Weingärtner an den Wagen heran. Sie waren in den Farben ihrer Zunft gekleidet, trugen preußische Hüte auf dem Kopf und rote Schärpen um den Leib, und in den Händen hatten sie lange Stricke von grüner Farbe. Schnell schickten sie sich an, dem Kurfürsten die Pferde auszuspannen, um ihn im Triumphe durch ihre Stadt zu ziehen. Der Kurfürst, der nicht wusste, was da werden sollte, befragte den Oberamtmann, und als ihn dieser über die Absicht der jungen Leute aufgeklärt hatte, sagte er: »Nicht doch, nicht doch! Nicht doch! Ich mag es nicht! Auch bin ich so schwer, dass sechs Pferde zu ziehen haben!« Der Oberamtmann geht hin, um es den Burschen zu untersagen, kommt aber sogleich wieder zurück und meldet: »Kurfürstliche Durchlaucht, sie wollen sich nicht abtreiben lassen!« »Je nun, so mögen sie ihre Stricke an die Pferde befestigen«, erwiderte der Kurfurst. Und so geschah es denn auch.

Die jungen Weingärtner banden ihre grünen Stricke an die Pferde des kurfürstlichen Wagens, und mit vereinten Kräften wurde nun der Wagen des neuen Landesvaters durch die Straßen der Stadt gezogen. Sooft ein Halt gemacht wurde, traten zwölf andere Burschen herbei, um ihre Kameraden abzulösen und teilzunehmen an der großen Ehre. Und all das Volk, das die Straßen füllte, rief: »Vivat! Es lebe unser Kurfürst!« Der Kurfürst aber soll sich geäußert haben, dass er einen solchen Empfang wie in Reutlingen noch nirgends in seinen Landen gefunden habe.

Herzog Ulrich nimmt Reutlingen ein

Herzog Ulrich von Württemberg war ein leidenschaftlicher Jäger. Nichts machte ihm größeres Vergnügen, als auf die Jagd zu reiten und Hirsche und Eber zu erlegen. Von seiner Geschicklichkeit als Jäger zeugt heute noch ein Bild im Uracher Schloss. Es stellt ein ungeheures Wildschwein dar, das der Herzog im Jahre 1507 auf dem Rossfeld bei Urach mit eigener Hand soll abgefangen haben. Um seiner Jagdlust frönen zu können, ließ er das Wild in seinen Forsten hegen, auch erließ er strenge Gebote, um die Leute vom Wilddiebstahl abzuschrecken. Im Jahre 1517 verordnete er, dass jedermann, der im Walde außerhalb der öffentlichen Wege mit einem Geschoss herumstreicht, durch Verlust der Augen bestraft werden solle.

Einige Reutlinger Bürger machten sich den Wildreichtum der nahen herzoglichen Wälder zunutze. Sie gingen, sooft sich ihnen eine günstige Gelegenheit bot, hinüber ins württembergische Gebiet und jagten und fischten nach Herzenslust. Ulrich war über diesen Frevel sehr erzürnt, und er gebot seinen Forstleuten, der Missetäter habhaft zu werden. Es geschah nun denn auch, dass der Uracher Forstmeister, Stephan Weiler, mit seinen Jägern auf die Reutlinger im Walde stieß. Es kam zu einem Kampf, in dem einer von den Reutlingern erstochen, etliche andere verwundet wurden. Auch führte der Forstmeister einige Reutlinger gefangen nach Urach, wo er sie auf die Feste in einen tiefen Kerker werfen und auch sonst aufs Härteste behandeln ließ. Alle Bitten ihrer Angehörigen und auch des Rates der Stadt, die Gefangenen loszugeben, wies der Herzog schroff zurück, und er soll sich dahin geäußert haben, dass er an den gefangenen Reutlingern ein Beispiel geben wolle und sie ihm im Gefängnis zu Hohenurach verfaulen müssten. In Reutlingen war man daher über den Herzog und seine Forstleute sehr erbittert, umso mehr, als man auch sonst Grund zu allerhand Klagen wider ihn hatte. Es wurden in der Bürgerschaft auch Stimmen laut, die sich dahin vernehmen ließen, man solle mit bewehrter Hand – wie's einst die Altvorderen getan – in Württemberg einfallen und die Gefangenen mit Gewalt befreien. Man hoffe dabei auf Hilfe von verschiedenen Seiten, denn Herzog Ulrich hatte sich durch seine Härte als Regent und besonders durch die Ermordung des Junkers Hans von Hutten eine Menge von Feinden zugezogen, die schon längst eine Gelegenheit lauerten, Rache an ihm nehmen zu können.

Nun begab es sich am 18. Januar des Jahres 1519, dass der herzogliche Burgvogt von der Achalm, der zugleich auch Waldvogt war, mit seiner Frau nach Reutlingen kam. Es war Samstag und daher Markttag, und als die Geschäfte erledigt waren, kehrten die beiden im Gasthof zum Bären ein. In der Wirtsstube saßen mehrere Reutlinger Bürger beim Wein, unter ihnen auch zwei Papiermacher, die mit den Gefangenen auf Hohenurach

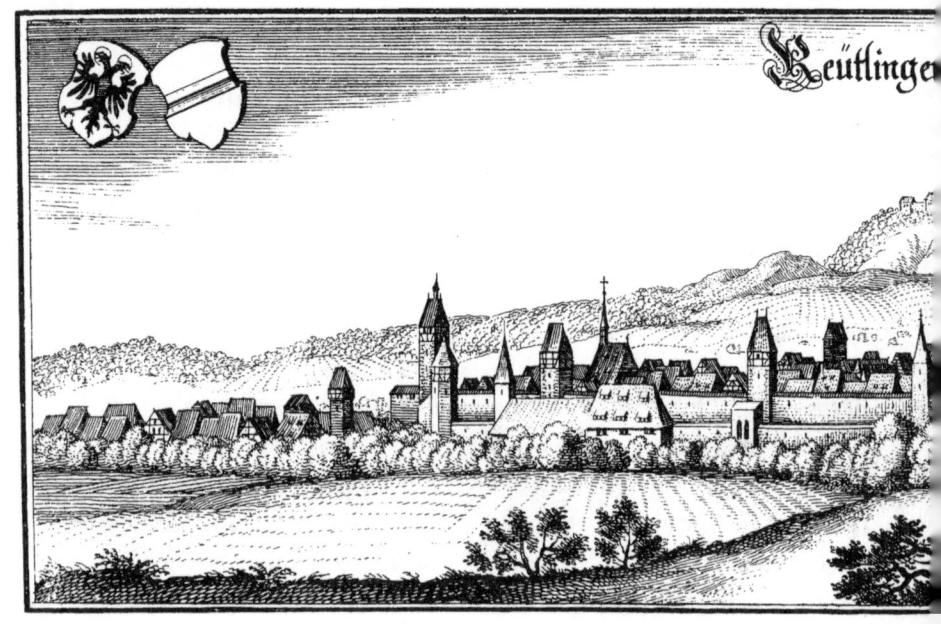

befreundet waren. Da am frühen Morgen die Kunde nach Reutlingen gekommen war, Kaiser Maximilian I. sei zu Wels in Oberösterreich des Todes verblichen, war unter ihnen ein lebhafter Disput, wer jetzt wohl Kaiser werden und wie es dann mit Reich und Stadt gehen würde. Die Gemüter hatten sich über dem Hin und Her ziemlich erhitzt und der reichlich genossene Wein (er war im Jahre 1518 gut und reichlich geraten) hatte auch seine Schuldigkeit getan. So kam es, dass einer der Papiermacher, Baste genannt, als kaum der Vogt mit seiner Frau am Erkertischlein Platz genommen hatte, zu ihm trat, ihm heftige Vorwürfe wegen der Gefangennahme seiner Freunde machte und Verwünschungen gegen den Herzog ausstieß. Der Vogt verbat sich diese Anrempelung in öffentlicher Wirtstube.

Es kam so zu einem heftigen Streit, an dem sich auch der andere Papiermacher beteiligte, und ehe man abwehren konnte, lag schon der Vogt tot am Boden. Baste, der Papiermacher, hatte ihm das Messer in den Leib gestoßen.

Groß war die Bestürzung über die blutige Tat bei den anwesenden Gästen, größer aber noch beim Rat der Stadt, der sofort von dem Geschehen in Kenntnis gesetzt wurde. Man kannte den Jähzorn und den gewalttätigen Sinn des Herzogs; man wusste, wie feindlich er den Reutlingern gesinnt war, und man fürchtete seine Rache. Die Bürgermeister sandten sofort die Stadtknechte aus, die beiden Übeltäter zu ergreifen und in Gewahrsam zu bringen. Als sie aber in das Bärenwirtshaus kamen, hatten sich die beiden, beschützt von Bürgern, die an der Fehde mit Württemberg ihr Wohlgefallen hatten, schon davongemacht. Sie waren über den Marktplatz zum Kloster am Ledergraben geflohen, wo sich zur damaligen Zeit eine Freistätte befand für solche, die ohne Absicht einen Totschlag begangen hatten. Solange sie sich dort aufhielten, hatte das Gericht keine Macht über sie.

Herzog Ulrich von Württemberg saß am anderen Tag, nachdem sich solches in Reutlingen zugetragen hatte, mit seinen Vornehmen im Schloss an festlicher Tafel. Er hatte am Morgen mit seinem Hofstaat der kirchlichen Leichenfeier für den Kaiser Maximilian angewohnt, und nun hielt er dem Verstorbenen zu Ehren einen prunkvollen Leichenschmaus. Da kam ein Bote von der Achalm und brachte die Schreckenskunde von dem, was in Reutlingen geschehen war. Der Herzog kam in furchtbare Wut. Er sprang auf von der Tafel, hieß ein Heer rüsten und machte sich mit diesem sofort gegen Reutlingen auf. Schon am anderen Tag fiel er, von Tübingen kommend, im Gebiet von Reutlingen ein, besetzte die Dörfer Bronnweiler, Gomaringen, Ohmenhausen, Wannweil und Betzingen, die damals zu Reutlingen gehörten, und erklärte sie von nun an für württembergisch. Am 21. Januar rückte er gegen die Stadt selbst vor. Er hatte geglaubt, sie überrumpeln zu können, fand aber die Reutlinger gerüstet. Sie hatten die Brücken über die Stadtgräben abgebrochen, die Tore mit Steinen verbaut und die Mauern mit Geschütz bewehrt. Auch hatten sie, um den Feinden bei der herrschenden Kälte und dem Schnee keinen Unterschlupf zu geben, alle Häuser vor den Toren angezündet und die Bewohner gezwungen, in die Stadt zu ziehen.

Der Herzog ließ vor der Stadt ein Lager schlagen und Schanzen errichten. In einen grauen Mantel gehüllt, das Haupt bedeckt mit einem groben Filzhute, sah man ihn unablässig auf und ab reiten, die Soldaten anfeuern und ermuntern. Noch am selben Abend konnte er mit seinen Geschützen das Feuer gegen die Stadt eröffnen. Vom Knall der großen »Büchsen«, die Kugeln aus Stein und Eisen gegen die Mauern schleuderten, bebte die Erde. Doch ließen sich die Reutlinger dadurch nicht einschüchtern, sondern schossen mit ihren Kanonen wacker nach ihm heraus. Als aber immer neue Heerhaufen vor der Stadt anrückten, wurde die Bürgerschaft doch bedenklich, denn es fehlten in der Stadt gegen 200 Bürger, die in Geschäften auswärts waren und die Stadt beim Anrücken des Herzogs nicht mehr hatten erreichen können. Der Rat sandte deshalb durch einen geheimen Gang einen Boten zu den befreundeten Reichsstädten und dem Schwäbischen Bunde, um ihre Not zu melden und rasche Hilfe zu erbitten.

Unterdessen wollten sie mit Ulrich verhandeln und ihm einen annehmbaren Friedenschluss vorschlagen. Sie schickten also einige angesehene Männer ins herzogliche Lager hinaus, die mit dem Herzog reden sollten. Ulrich empfing sie sehr ungnädig und wollte von Unterhandlungen nichts wissen. Die Abgesandten boten ihm, falls er von der Stadt ablasse, die Dörfer an, die er schon eingenommen hatte; auch sollten ihm alle Auslagen ersetzt werden, die er bei seinem Kriegszug aufgewendet hatte. Aber der Herzog war damit nicht zufrieden. »Die Stadt will ich haben«, rief er, »und nicht eher nachlassen, und wenn ich darüber mein Herzogtum verschießen müsste!« Da schieden die Reutlinger in großem Zorn von ihm und hießen ihn »am Freitag kommen und eine Gans mit ihnen essen«.

Der Herzog umgab nun die Stadt auf drei Seiten mit Kriegsleuten und Geschütz. Am Donnerstag, den 27. Januar, nachts, fing er dermaßen an, gegen die Mauern und Türme zu schießen, dass am Freitagmorgen nicht weniger als 600 Steine in die Stadt geschleudert waren, von denen ein jeglicher Stein 78 Pfund schwer war. Er schoss einen Turm ganz ab und in die Mauer weite Löcher. Und als das alles nichts half, die Reutlinger mürbe zu machen, warf er eine Feuerkugel in die Stadt. »Die war so groß wie ein Viertel, damit man Korn misst. Die lief dermaßen gräulich mit Brennen in der Stadt umher, dass man sie nicht löschen konnte. Zuletzt bedeckte man sie mit Mist; aber sie brannte unter dem Mist fort und stank dermaßen übel, dass nicht davon zu reden ist. Zuletzt zersprang sie mit 10 Kläpfen und schlug dabei einen Mann tot.«

Große Angst überkam nun die unglücklichen Einwohner. Die Weiber und Kinder weinten zum Herzerweichen und drangen in die Männer und Väter, sie sollten doch mit dem Herzog Frieden machen. Und da vom Schwäbischen Bund und den Reichsstädten weder Trost noch Hilfe kam, so konnte der Rat den Jammer nicht länger mehr ansehen. Am 28. Januar öffnete Reutlingen die Tore, und Herzog Ulrich hielt an der Spitze seines Heeres Einzug in die eroberte Stadt. Geleitet vom Rat und der Geistlichkeit, zog er vom Tübinger Tore durch die Eggesgasse über den Marktplatz zur Marienkirche, allwo er zum Dank für den errungenen Sieg einen feierlichen Gottesdienst abhalten und das Tedeum (Herr Gott, dich loben wir) anstimmen ließ. Hierauf zog er zum Rathaus und ließ sich die kaiserlichen Freiheitsbriefe und das Siegel der Stadt geben. Er verlangte auch die Auslieferung der beiden Papiermacher, die seinen Vogt getötet hatten. Sie waren aber, als man sie aus der Freiung holen wollte, verschwunden, denn während der Herzog durchs Tübinger Tor hereinzog, hatten sie sich mit Hilfe guter Freunde durchs obere Tor geflüchtet.

Unterdessen war die ganze Bürgerschaft auf dem Marktplatz, nach Zünften geordnet, versammelt worden. Es wurde ihr mitgeteilt, dass sie von nun an den Herzog von Württemberg als ihren Herrn anzuerkennen habe, und alle mussten mit aufgehobener rechter Hand dem Herzog Treue schwören.

Nachdem Ulrich die kaiserlichen Wappenbilder an den öffentlichen Gebäuden abgenommen und dafür die württembergischen Hirschhörner angebracht hatte, zog er wieder heimwärts, nicht ohne eine Besatzung in der Stadt zurückgelassen zu haben. Er freute sich sehr, dass die stolze Reichsstadt nun eine württembergische Landstadt geworden war, und er hoffte von seiner Erwerbung für sich und seine Nachfolger großen Nutzen. Aber seine Freude sollte ihm bald bitter vergällt werden, denn der Schwäbische Bund, dessen Mitglied Reutlingen gewesen war, ließ sich diese neue Gewalttat des Herzogs nicht gefallen. Er drang wenige Wochen später in Württemberg ein und nahm einen festen Platz nach dem anderen, meist ohne Schwertstreich, zuletzt auch das feste Tübingen. Gebannt vom Kaiser und verlassen von seinen Günstlingen, musste Ulrich das Land seiner Ahnen verlassen und ins Ausland flüchten. Reutlingen aber wurde frei von Württemberg und wiederum eine Reichsstadt, wie es vordem eine gewesen war.

Geheimnisvolle und unheimliche Geschehen

Die Legende vom Dreifaltigkeitsberg

Vor einigen hundert Jahren weidete ein junger Hirte das Vieh seines Herrn am Fuße des Dreifaltigkeitsberges. Am Abend, als er eintreiben wollte, wurde er gewahr, dass ein paar Tiere fehlten. Sie hatten sich verlaufen. Der arme Hirte geriet in Angst und Not, suchte und rief nach den Verlorenen zwei Tage lang; aber vergebens. Am dritten Tag stieg er durch die Wälder und Schluchten bis auf die Höhe des Berges empor. Zuletzt stand er vor einem wilden Dorngestrüpp. Als er sich aber mit vieler Mühe hindurchgearbeitet hatte, sah er auf einer kleinen Waldblöße die verirrten Kühe weiden. Nun war's ihm wieder leichter ums Herz, und er kniete nieder und dankte Gott, dass er die Tiere wiedergefunden hatte.

Da geschah ihm ein neues Wunder. An der Stelle, wo er sich auf die Knie niedergelassen hatte, fand er, von Moos und Kräutern überwachsen, ein uraltes Bildstöcklein. Der Hirte säuberte es voller Freude und bald kam ein schön geschnitztes Bildwerk der heiligen Dreifaltigkeit zum Vorschein: Gottvater hielt liebevoll seinen Sohn auf dem Schoß und über ihnen schwebte der heilige Geist in Gestalt einer Taube. Der fromme Hirte baute aus rohen Tannenstämmchen, Rinde und Moos ein Hüttlein für das Bildnis und stieg jeden Tag einmal auf den Berg, um darin zu beten. Lange Zeit hielt

er diesen stillen Ort geheim; nachdem er aber einigen Freunden sein Erlebnis erzählt und sie zu dem wunderbaren Bildstöcklein geführt hatte, kamen immer mehr Leute aus der Umgegend auf den Berg gewandert. Aus der Hütte des armen Viehhirten wurde eine Kapelle und aus der Kapelle eine große schöne Kirche – die Wallfahrtskirche auf dem Dreifaltigkeitsberg.

Der Schäfer und das Paradies

Einmal hütete ein Schäfer auf der Egelfinger Alb seine Herde. Während seine Schafe zur Mittagszeit im Schatten der Heidbuchen ausruhten, suchte er im Gebüsch nach Brombeeren. Zwischen den bemoosten Felsen fand er den Eingang zu einer Höhle und da begegnete es ihm, dass er sich in der großen Höhle verirrte. Er ging immer weiter und weiter und befand sich mit einem Mal in einem fremden Land. Dieses Land war wunderschön und auf den üppig grünen Wiesen weideten große, herrliche Herden, Pferde, Kühe und Schafe in Eintracht beieinander. Während er bewundernd um sich schaute, kam ein lichtgewandeter Engel zu ihm und sprach: »Komm mit mir, du bist ins unrechte Land geraten!«, nahm ihn bei der Hand und führte ihn wieder auf die Egelfinger Alb zu seiner Schafherde zurück. Der Schäfer hatte sich ins irdische Paradies verlaufen.

Jung Stilling und der Schlaitdorfer Spuk

Ein wohlhabender und im Rufe der Frömmigkeit stehender Mann im Pfarrdorfe Schlaitdorf, Tübinger Oberamts, hatte ein braves und neu erbautes Haus. Damit einst zwei seiner Kinder ihre Haushaltung ganz bequem darin führen könnten, beschloss er 1816, auch noch einen zweiten Keller in demselben erbauen zu lassen. Kaum war die Arbeit der Ausgrabung desselben auf etliche Fuß in die Tiefe vorgerückt, so entdeckten die Söhne und

Töchter des Hausbesitzers, durch die sie verrichtet wurde, ein Gewölbe und an demselben eine Türe, und als sie Letztere erbrochen hatten, ein Kästchen, in welchem sie alte Schriften und Kostbarkeiten vorfanden. Bei dem weiteren Graben kamen sie auf die Türe eines zweiten Gewölbes. Anstatt aber auch dieses zu öffnen, ließ der Mann das Kistchen mit seinem merkwürdigen Inhalt wieder in das erste Gewölbe bringen, solches auch wieder zuschließen und die gegrabene Öffnung wieder zuwerfen. Was ihn zu dem allen vermochte, war Folgendes: In der ersten Nacht nach dem allen erfreulichen und unerwarteten Funde erschien ihm ein Mann in weißer Gestalt und Kleidung. Diese Erscheinung kam von da an oft wiederholt, und ob sie schon nicht schreckend aussah und ihm kein Leid zufügte, sondern bloß zuweilen an seinem Kopfkissen oder der Bettdecke zog, so jagte sie ihm doch eine Angst ein, die noch größer als die Freude über den gefundenen Schatz war und ihn bewog, denselben wieder an seine vorige Stelle zu setzen, auch die Erbauung eines zweiten Kellers ganz aufzugeben in der Hoffnung, der ungebetenen nächtlichen Besuche sich zu entledigen. Allein, diese Hoffnung wurde so wenig erfüllt, dass vielmehr derjenige, welcher diesen Schatz vergraben hatte, und entweder ein Mitglied der Familie der Edelknecht von Schlaitdorf oder der Dürner von Turnau war, welche, und zwar jene im 13., diese im 15. Jahrhundert, ihren Sitz in der Burg hatten, auf deren Ruinen nun das obgenannte Haus stand, seine Besuche nicht nur bei Nacht fortsetzte, sondern sogar dem Besitzer jenes Hauses nun auch zuweilen bei hellem Tage Besuche gab. Einmal sahen ihn sogar die Hausgenossen, als sie am Tische alle zusammen das Frühstück zu verzehren saßen. Er kam als ein Knabe in weißer Kleidung in die Stube, lief am Ofen vorüber, wünschte ihnen einen Guten Tag und eine Gesegnete Mahlzeit, verschwand dann, und ein silberheller Stern schreckte nach seinem Verschwinden an den getünchten Wänden des Zimmers vorüber.

Um den Mann, den eine Abzehrung – eine Folge fortdauernder Angst und schlafloser Nächte – zu töten drohte, von den lästigen Erscheinungen zu befreien, wurde mancherlei versucht. Ein Bäcker Bihner von M. riet ihm, Hilfe bei dem unter dem Namen Stilling bekannten Herrn Hofrat Jung zu suchen, weil er voraussetzte, dass der Verfasser der »Theorie der Geisterkunde« über alle Geister gebieten könne, und fuhr 1816 mit ihm nach Karlsruhe. Stilling riet ihm, den Schatz zu heben, den Geistermann aber über die Absicht seiner Besuche und seinen Willen in Hinsicht des Schatzes zu befragen, und versprach, im nächsten Frühjahr selbst nach Schlaitdorf zu kommen.

Stillings Rat zu befolgen, hatte der Bauer nicht mehr Mut genug: Stilling kam nicht nach Schlaitdorf, weil er die für ihn weit erfreulichere Reise nach der besseren Welt machen durfte, und die den Bauern beängstigenden Erscheinungen hörten nach und nach auf, entweder weil sie dem Geistermann als zwecklos selbst entleideten oder weil die veranstalteten gemeinschaftlichen Betstunden in den christlichen Erbauungsstunden der ganzen Umgegend ihm, und eben damit auch dem beängstigten Bauern, Ruhe bewirkten.

Der Schatz im Höllenloch bei Feldstetten

Hoch oben auf der Alb, einige hundert Schritte vom düsteren Walde entfernt, zieht sich ein schachtähnliches Loch tief in die Erde hinab. Man erzählt sich davon, dass vor langen, langen Jahren ein Mann aus der Ferne gekommen sei, der sehr weise gewesen; der sei Tag und Nacht auf den Feldern herumgelaufen und habe mit einer Wünschelrute den Boden untersucht und sonderbare Gebete dabei gesprochen und Zeichen dazu gemacht. Und da sei er auch an die Stelle gekommen, wo sich jetzt das Loch befindet, damals aber war an der Stelle noch nichts zu sehen. Da fing der Mann zu graben an und fand einen ungeheuren Schatz, den bewachte der Teufel. Der Fremde aber mit seiner Wissenschaft nahm den Schatz mit sich fort. Nach vielen Jahren kam er wieder und war alt und jammervoll anzusehen, seine hohlen Augen blickten gar wild. Er suchte das Loch, aus dem er sich den Reichtum geholt hatte. Nachts zwölf Uhr aber, an einem Freitage, hörte der Schäfer, der auf dem nahen Felde hütete, ein herzzerreißendes Jammergeschrei. Er sah aus dem Loche Flammen auffahren, wie Blitze anzusehen. Anderntags nahm er heilige Dinge, ein Kreuz und auch Weihwasser zu sich und sah nach dem Loche. Aber da hatte sich der Boden tief eingesenkt, so tief, dass gar kein Ende abzusehen war. Und wenn er einen Stein hinabwarf, so hörte er ihn wohl von Fels zu Fels springen; aber wann er aufhörte zu fallen, konnte nicht vernommen werden. Der Fremde blieb verschwunden; denn für den Schatz hatte er sich dem Teufel zu eigen schreiben müssen. Das Loch wurde von nun an das »Höllenloch« genannt.

Später hüteten einmal Buben aus Feldstetten ihre Rosse auf dem Weideplatze, der um das Höllenloch herliegt. Zu ihrer Kurzweil warfen sie Steine in den Schlund. Da aber hörten sie die Steine wie auf Eisen auffallen, und der gottlose Frieder sagte, es sei eine Truhe, die sei aus Eisen und voll mit Geld, der krumme Hannes vom Walde habe es ihm erzählt. Der Knaben Gelüste nach dem Gelde wurde immer größer, so dass endlich Frieder sagte, er wolle es versuchen, in das Loch zu steigen. Sie banden die Zäume der Pferde aneinander und ließen an diesen den Frieder ins Höllenloch hinunter. Und als er am Stricke schüttelte, zogen sie ihn wieder herauf. Er erzählte, wie er eine große eiserne Truhe gesehen, und auf dem Deckel sitze ein schwarzer Pudel mit feurigen Augen; der sei aber, als er ihm näher gekommen, beiseite gegangen und beinahe über die Truhe hinabgesprungen, aber da haben die Seile nimmer so weit gereicht, dass er die Truhe habe berühren können. Hätte er sie anfassen können, so hätten sie den Schatz sicherlich bekommen. Am andern Tage wiederholten die Rossbuben den Versuch, weshalb sie auch mehr Stricke mitgenommen hatten. Aber siehe! Das Loch hatte sich geschlossen. Frieder sagte: »In Gottes Namen!« Aber die Felsen blieben beieinander. »In keinem Namen!«, sagte jetzt Frieder.

Auch dies hatte keinen Erfolg.»In Teufels Namen!«, sagte zuletzt wild der freche Bube, der sich nicht warnen lassen wollte. Jetzt gingen die Felswände auseinander. Frieder wurde an den zusammengebundenen Stricken hinabgelassen. Lange warteten die anderen oben. Sie hörten nur ein dumpfes Geräusch in der Erde, wie wenn's in weiter Ferne donnert. Und eine Schar Raben flog krächzend aus dem Walde bis über ihre Köpfe und dann wieder ins Holz zurück. Die Buben zogen endlich, sie brachten die Stricke leicht zurück, aber Frieder kam nicht wieder.

Die Tiere vermeiden es, dem Loche nahezukommen, und oft hört man nächtlicherweile ein dumpfes Rollen und klägliches Heulen aus dem Höllenloche hervorkommen. Der böse Geist quält da seine zwei verlockten Opfer.

Der Hölzlekönig bei Schwenningen

Vor vielen hundert Jahren zogen einmal Zigeuner durch die Baar unter einem Anführer, der ein kleines Söhnlein hatte. Aber der Zigeunerhauptmann und sein Weib starben bald hintereinander. Der Bruder des verstorbenen Hauptmanns setzte dessen kleines Kind im Wald aus, damit er selbst Zigeunerhauptmann werden konnte. Das ausgesetzte Kind wurde bald darauf von Leuten aus Schwenningen gefunden, die es mit heimnahmen, auf den Namen Michel tauften und es christlich erzogen. Nach etlichen Jahren kamen diese Zigeuner wieder in die Gegend und spielten der Jugend in einem Wald, den man das Hölzle nennt, zum Tanz auf. Viele Schwenninger kamen da zum Tanz und der Michel war auch dabei. Da erkannte die Zigeuner-Altmutter ihr

Enkelkind, nahm es zu sich und zeigte es den Zigeunern als ihr rechtmäßiges Oberhaupt. Der böse Oheim wurde als Zigeunerhauptmann abgesetzt. Zur Rache dafür legte er in der Nacht an zwei Stellen in Schwenningen Feuer an. Die Schwenninger aber glaubten, Michel sei der Schuldige, zogen zu den Zigeunern in den Wald hinaus und erschlugen den Michel. Da gruben die Zigeuner dem Michel ein Grab dort im Wald, und die Altmutter pflanzte ein Tännlein darauf. Daraus erwuchs mit den Jahren der Hölzlekönig, der lange Zeit hindurch der größte und schönste Baum im ganzen Schwabenland gewesen ist.

Das Dengelmändle von Trossingen

Zur Zeit der Heu- und Getreideernte kann man sonntags während der Kirche im Briel bei Trossingen ein Sensendengeln hören, so als ob helllichter Werktag wäre. Schon oft haben Leute nach dem ruhestörenden Dengler gesucht, doch war weit und breit niemand zu finden.

Wie die Sage berichtet, lebte vor mehr als hundert Jahren in Trossingen ein böser, geiziger Bauer, der nie genug bekommen konnte und darum mit seinem habgierigen Wesen sogar den Sonntag entheiligte. Zur Strafe muss er seit seinem Tod als Geist umgehen und jeden Sonntag Sensen dengeln bis in alle Ewigkeit.

Die Wunderrute

Zwischen Wurmlingen und Pfäffingen hütete einst ein Schäfer seine Herde. Da kamen einige Soldaten des Wegs. Unter denen war ein besonders guter Schütze, der sich vor seinen Kameraden rühmte, er wolle dem Schäfer seine Schippe, auf die er gelehnt stand, wegschießen. So tat er's auch und der Schäfer stürzte zu Boden. Der Schäfer aber hatte eine einjährige Haselnussrute. Die hatte er am Karfreitagmorgen vor Sonnenaufgang mit drei Schnitten abgeschnitten, dabei gegen Osten gesehen und die drei höchsten Namen dazu gesprochen. Um sich an dem Soldaten zu rächen, zog der Schäfer seinen eigenen Kittel aus und schlug mit der Rute auf diesen ein. Da man mit solcher Wunderrute auch jemand in der Feme auf diese Weise durchprügeln kann, schrie der Soldat drüben auf der Straße laut auf und wurde obendrein noch von seinen Kameraden verspottet wegen der Schläge, die er aus der Ferne bekam.

Das Käuferle zwischen Eningen und Metzingen

Zwischen Eningen und Metzingen fließt ein Bach, über den eine Brücke führt. Hier muss ein Kornverkäufer geistweis umgehen, weil er zu Lebzeiten beim Handel betrogen hat. Er trägt ein Simrimaß unter dem Arm und ein Holz, mit dem man das volle Maß abstrich und das deswegen Streichholz heißt. Er wird allgemein »Käuferle« genannt. Geht der Wanderer ruhig seines Wegs, so tut ihm das Käuferle nichts. Doch einmal hat einer ihm zugerufen:

»Käuferle, ich bin auf deiner Bruck,
wenn du kannst, so mach mi z'ruck!«

Da erschien das Käuferle plötzlich, schlug dem Burschen den Hut herunter und bläute ihn durch.

Feurige Feldrichter

In der Rottenburger Markung hat man vor einigen Jahren noch sieben »feurige Feldrichter« zwischen der Sülchenkirche und Hirschau bei Nacht herumlaufen sehen; die hatten bei ihren Lebzeiten die Felder ungerecht vermessen und mussten deshalb nach ihrem Tode umgehen und alles nachmessen. Man sah sie besonders im Advent und in der Fastenzeit. Sie vermaßen das Feld, wie es die Untergänger machen, indem sie mit ihren Stäben herumfuhren und dann sich berieten. Wer sie neckte, den schlugen sie mit ihren feurigen Stäben. Gegen Morgen sah man sie immer dem Gottesacker bei Sülchen zulaufen und dort verschwinden. Auch sonst kennt man überall in Schwaben die feurigen Feldrichter, die die Grenzsteine falsch gesetzt haben. Man sagt aber, wer das tue, der betrüge Himmel und Erde; denn es handelt sich dabei nicht bloß um einen schmalen Erdstrich, sondern ganz besonders um das, was darüber und darunter ist.

Hausversicherung gegen Hexen

Ein Tübinger Bürger konnte keine rote Kuh gesund im Stalle behalten. Schon nach wenigen Wochen zehrte sie jedesmal so ab, dass er sie nur schnell um jeden Preis verkaufen musste, wenn er sie nicht ganz verlieren wollte. Sobald die Kuh aber aus dem Stalle war, erholte sie sich gleich wieder. Da ließ der Mann endlich seinen Kuhstall auf 70 Jahre gegen Hexen versichern, und das ging so zu: Ein Hexenbanner vergrub unter allerlei Aussprüchen einen Hund, der noch geschlossene Augen haben musste, hinter der Türschwelle des Stalles und bedeckte die Stelle mit einem Brett. Ferner wurde ein beschriebenes Stück Papier im Stalle befestigt. Sodann riet er dem Hausherrn, der größeren Sicherheit wegen, immer nur ganz schwarze Kühe zu nehmen und daneben auch einen schwarzen Bock, dessen Geruch den Hexen zuwider ist, zu halten, und seitdem er das getan, da geht's.

Der Grenzsteingeist

Ein Knecht aus Stetten am kalten Markt kam öfter zur Nachtzeit an einer kleinen Feldkapelle vorbei. Jedesmal sah er einen Steinwurf weit hinter der Kapelle eine männliche Gestalt auf einem Markstein sitzen. Sie hatte die Hände über einen Spatenknauf gefaltet und starrte mit totbleichem Gesicht zu ihm herüber. Einmal überwand der Knecht seine Angst und fragte: »Warum sitzt du alle Nacht hier?« – »Ich muss diesen Stein hüten«, antwortete der Umgänger, »weil ich zu Lebzeiten an meinen Nachbarn Unrecht begangen und heimlich Marksteine verrückt habe. Meine Seele muss so lange unerlöst bleiben, bis einer kommt und mich in die Kapelle trägt.« –»In Gottes Namen also«, sprach der Knecht und bekreuzigte sich. Als er herzutrat, um den Unseligen auf seine Arme zu nehmen, sagte der Geist: »Lass dich aber nicht entmutigen, ich werde immer schwerer werden, je näher du der Kapelle kommst.« Entschlossen nahm der Knecht den Geist auf den Rücken, und obwohl dieser bei jedem Schritt schwerer wurde und er schon meinte, er könne die Last nicht mehr tragen, brachte er zuletzt doch sein Erlösungswerk glücklich zu Ende. Der Grenzsteingeist hatte für seine Untaten gebüßt und endlich Ruhe im Grabe gefunden.

Der Poppele auf dem Heuberg

In einigen Dörfern auf dem Heuberg ging vor hundert und mehr Jahren ein Poltergeist um, Poppele genannt. Die Leute erzählten von allerhand Schabernack, den dieser kleine Poltergeist anstellte.

In einem Bauernhause band er jede Nacht das Vieh von der Krippe los, warf einen Wagen voll Heu vom Scheunenboden oder einen Haufen Garben auf die Tenne herunter. Manchmal machte er einen solchen Lärm im Haus, dass die Leute nächtelang keinen Schlaf fanden.

Da beschloss der Bauer, endlich auszuziehen. Er kaufte ein anderes Anwesen, packte seine Habe auf einen großen Leiterwagen und fuhr damit los. Frau und Magd und Kinder folgten dem Wagen. Unterwegs schaute sich der Bauer einmal um und fragte: »Haben wir jetzt auch alles?« –»Ja, und mich habt ihr auch!«, rief lachend der Poppele. Er saß wahrhaftig auf der Schnätter, wie die Bauersleute das etwas vorstehende Ende des Bodenbrettes am

Leiterwagen heißen. »Dass dich doch gleich der Gottseibeiuns hol'!«, fluchte der Bauer und schlug mit der Geißel wütend auf die Schnätter ein. Im Augenblick war der Poppele verschwunden und ließ sich nie wieder blicken, denn das Fluchen können solche Poltergeister nicht leiden.

Der Schimmelreiter bei Wankheim

Im Elsenwäldle, in einem kleinen Tal zwischen Tübingen und Wankheim, reitet der Schimmelreiter auf einem weißen, riesigen Gaul durch das Gehölz und trägt seinen eigenen Kopf wie einen Hut unterm Arm. Gewöhnlich reitet er still und ruhig, oft jagt er auch wie der Blitz dahin. Wenn er langsam ritt, hat es zuweilen schon ein verwegener Bursche gewagt, sich zu ihm aufs

Pferd zu setzen, was der Schimmelreiter zum Schein wohl eine Weile duldete, dann aber den Mitreiter jedesmal jämmerlich vom Pferde warf. Er führte auch die Menschen irre.

Einmal kam ein Mann mit einem Mehlsack von Tübingen her durch das Elsenwäldle, traf den Schimmelreiter und bat ihn, dass er den Sack auf sein Pferd legen dürfe. Dieser sagte weder ja noch nein, doch ließ er es zu. Als aber der Mann so neben ihm herging, war nach einer Weile alles verschwunden. Er ging darauf den Weg zurück und fand den Sack an derselben Stelle, wo er ihn dem Schimmel aufgeladen hatte, am Boden liegen.

Wenn man durch das Wäldchen geht, ist es oft so still darin, als ob alles eingeschlafen wäre, weil auch nicht ein Blatt sich regt. Dann wiederum bricht plötzlich ein Sturm los, dass man meint, es müssten alle Bäume zusammenbrechen. Und das kommt bloß von dem Schimmelreiter her.

Der Unhalde-Geist in Betzingen

Nach Betzingen kommt zu Zeiten von der Unhalde her durch das Schnellegässle ein Mann zu Pferde, den man den Unhalde-Geist nennt oder »Schimmelreiter«, weil er nämlich auf einem großen Schimmel sitzt. Er reitet dann immer durch das Hippegässle an den »Leibselesbrunnen«, der mitten im Dorfe auf einem Hofe liegt und gewöhnlich nach dem Eigentümer Leibsele bezeichnet wird. Hier tränkt der Schimmelreiter jedesmal seinen Gaul, was oft eine halbe Stunde dauert, während welcher Zeit kein anderes Vieh sich an den Brunnen wagt. Übrigens tut er niemandem etwas zuleide, kommt aber oft auf alte Leute und auf Kinder zugeritten, dass sie erschrecken. Dann ruft er bloß: »Hop!«, und im Augenblick setzt der

Schimmel über die Menschen hin. – Er klirrt mit Ketten, auch hat man den Schimmelreiter schon mit einem Säbel und mit einem Gewehr auf dem Rücken herumreiten sehen, denn er soll ein Jäger gewesen sein und durchzieht deshalb auch die Wälder, die er früher unter seiner Aufsicht hatte. In neuerer Zeit sieht und hört man nicht mehr viel von ihm.

Das Muetesheer in Tieringen

In Tieringen hinter der Lochen zog's Muetesheer alljährlich durch ein bestimmtes Haus. Man musste deshalb immer Fenster und Türen aufsperren, sobald man es kommen hörte. Einmal dachte der Hausherr, er wolle doch aufbleiben und sehen, wie es dabei zugehe, wenn es wiederkomme. Er blieb deshalb in der Stube sitzen, als es wieder durchfuhr. Da hörte er eine Stimme sagen: »Streich deam do d'Spältle zue!« Und alsbald war es ihm, als ob ihm jemand mit dem Finger über die Augen führe. Von Stund an war er blind. Und kein Mittel auf der Welt wollte helfen, ihm das Augenlicht wieder zu verschaffen. Da riet ihm jemand, wenn's Muetesheer wieder durchfahre, sich wieder an den gleichen Platz zu setzen. Das tat er, und als das Heer im nächsten Jahr wieder durchzog, da hörte er wieder eine Stimme, die sprach: »Streich deam do au' d'Spältle wieder auf!«, und von Augenblick an war er wieder sehend.

    Wenn einst das Muetesheer kam, so streute man in Laichingen auf der Alb Mehl als Gabe, damit es ohne Schaden vorüberziehe. In der Gegend von Nagold zieht ein Warner vor dem Heer draus und ruft: »Hurradrapp! Aus'em Weg, dass niemand nix g'scheh!« In Besigheim und Unterriexingen fliegt ein Rabe voraus und ruft: »Aus'em Weg! Oder wurst vertappt!«

Das Muetesheer bei Hülben

Einstmals ging die Großmutter – so erzählt ein Uracher junger Mann – mit einem ihrer Kinder von Hülben nach Neuffen. Als sie auf dem Rückweg die Steige hinaufwanderten, kamen zwei unheimliche Gesellen hinter ihnen drein. Sie ängstigten sich und schließlich wollten sie die beiden vorausgehen lassen; sie setzten sich deshalb auf einen Stein am Wegrand, um ihr Vesperbrot zu verzehren. Aber die beiden wichen nicht. Plötzlich hörten sie eine wunderbare Musik in der Luft, und das Muetesheer zog über sie weg. Als die beiden Burschen das hörten, liefen sie voll

Angst den Berg hinunter, Neuffen zu. Aber die Großmutter und ihr Kind gingen erleichterten Herzens vollends den Berg hinauf und kamen glücklich wieder zu Haus an.

Das Muetesheer zwischen Urach und Wittlingen

Am Wanderweg zwischen Urach und Wittlingen liegt mitten im Wald eine Wiese, die »Farniß Wies«. Dort soll im Frühjahr und Herbst zur Tag- und Nachtgleiche und in den zwölf heiligen Nächten das Muetesheer jagen. Es braust donnernd daher und nimmt jeden mit, der sich nicht auf den Boden legt. Wer dies nicht beachtet, wurde nie mehr lebend gesehen, oft fand man seinen Leichnam zerschmettert.

Das Burrenweible

In dem großen Felsen am Böllisburren bei Schmiechen hauste ehemals das Burrenweible. Es kam jede Nacht aus seiner Höhle ins Tal herunter in ein Bauernhaus, das vor dem Dorf draußen stand und verrichtete da heimlicherweise alle Hausgeschäfte. Am liebsten besorgte es die Wäsche. Die Hausfrau durfte nur abends das Bettzeug, die Tücher, Hemden und Leibchen zurechtlegen, die Seife und das Holz zum Feuern hinrichten – am Morgen war alles fein säuberlich gewaschen, dass es eine Freude war.

Das Burrenweible ging immer denselben Weg, nicht der Straße nach, sondern querfeldein auf das Haus zu. Im Frühjahr, wenn das Wiesengras und die Saat noch nicht so hoch standen, war der schmale, kerzengerade Pfad deutlich zu erkennen. Durch ein Türchen, das auf der Hinterseite des Hauses nach dem Garten hinausführte und nie verschlossen war, schlüpfte das Weiblein in die Küche. Weil es so ärmlich angezogen war, ja oft gar nichts auf dem Leibe trug, hatte die Bauernfrau Erbarmen mit ihm und legte ihm eines Abends ein schönes leinenes Hemdlein auf den Waschtrog. Das Burrenweible nahm aber das Geschenk nicht an, ging traurig fort und kam von Stund an nie mehr wieder.

Die Wichtelmännlein am Farrenberg

Einmal machten Kinder aus der Steinlach am Konfirmationstag einen Spaziergang auf den Glindenwasen am Heuberg dem Farrenberg gegenüber. Da war es den Kindern plötzlich, als sähen sie drüben am Farrenberg sechs kleine Männlein, wie Kinder so groß, hintereinander aus dem Wald kommen und auf sie zugehen. Als die Kinder dann gesungen haben, da seien die Männlein still gestanden und haben zugehört. Schließlich seien sie wieder, eins hinter dem andern, im Wald verschwunden. Arme und Füße habe man keine an ihnen unterscheiden können, aber rot seien sie angetan gewesen, und ein jedes habe eine ganz eigentümliche Kappe auf dem Kopf gehabt.

Erdwichtela

In der Gegend von Lustnau bei Tübingen gab es Geister, die man »Erdwichtela« nannte. Das waren ganz kleine Männle, etwa eine halbe Elle groß, sie trugen gelbe Hosen und rote Strümpfe und halfen den Frauen auf dem Acker, das Gras und Unkraut aus dem Korn zu jäten. Wo aber solche Erdwichtela geholfen hatten, da war es gewiss ganz sauber und rein, und dabei zertraten sie niemals ein Kornhälmchen, weshalb die Mägde sie oft baten, dass sie ihnen beim Jäten doch helfen möchten.

Einmal mähte ein Bauer aus Lustnau mit zwei Gehilfen im Neckartal gegen Kusterdingen zu seine Wiese. Sie waren kaum zur Hälfte fertig, als es schon Abend wurde. Da meinte der Bauer, sie sollten ihre Sensen über Nacht dort lassen, vielleicht würden derweilen die Erdwichtela helfen. Als er am andern Morgen in aller Frühe mit seinen Leuten wiederkam, sah er auf der Wiese drei kleine Männle, die die Sensen genommen hatten und tapfer drauflosmähten. Wie sie die Bauern erblickten, liefen sie schnell davon in den Wald. Es fehlten nur noch anderthalb Mahden, sonst war alles abgemäht.

Im Winter kamen die Erdwichtela zweimal in der Woche in den Vorsitz. Sie setzten sich in den Spinnstuben neben die Spinnerinnen hin, und zwar, wie es Sitte war, auf die linke Seite. Man sagte nämlich, wer sich zur Rechten der Spinnerin setze, habe Hunger, weil die Mädchen rechts die Tasche tragen, in der sie allerlei zum Naschen mitbringen. Auch würde man auf der rechten Seite die Spinnerin hindern, ihre Spindel frei zu bewegen. Nun, die Erdwichtela setzten sich, weil sie ja so klein waren, nicht auf die Bank oder auf einen Stuhl, sondern auf das Kunkelstühlchen zu Füßen der Mädchen. So unterhielten sie sich mit den Mädchen, trieben auch allerlei Scherz und Mutwil-

len, indem sie die Mädchen am Rock zupften oder sie gar in die Waden kniffen. Einst wollte ein Mädchen das nicht mehr leiden, weil das Erdwichtela es zu arg trieb, und gab ihm einen Fußtritt. Das Männlein blieb aber fest auf seinem Platz sitzen, so dass das Mädchen ganz ärgerlich rief: »Der Blitzdreck fällt erst nit um!« Ein anderes Mädchen, das auch vor dem Mutwillen der Erdwichtela keine Ruhe hatte, sagte schließlich: »Ei, wir wissen ja, wie ihr heißt.« »Nun, wie heißen wir denn?«, sprachen die Männle verwundert. »Erdwichtela«, sagte das Mädchen. Da gingen die Männle auf der Stelle fort und kamen nie wieder.

Die Wasserfräulein in der Donau

In der Nähe des Dörfchens Beuren hausten einst in einem der tiefen Gumpen (Tiefe im Fluss) am Hochufer der Donau schöne Wasserfräulein. Zu gewissen Zeiten, besonders in hellen Nächten, tauchten sie aus den dunklen Fluten auf und tanzten im Mondlicht ihren Reigen. Manchmal, so erzählen die alten Leute in Beuren, seien sie auch ins Dorf heraufgekommen in die Lichtstube und hätten sich mit den Mädchen und Burschen unterhalten. Zur bestimmten Stunde seien sie aber wieder zur Donau hinabgezogen und im Wasser verschwunden. Einmal jedoch habe ein fürwitziger Bursche sie betrogen und die Uhr um eine halbe Stunde zurückgestellt. Weinend seien die Wasserfräulein davongegangen und niemand habe sie seitdem wiedergesehen. Sie hatten ihre Zeit überschritten und durften nie mehr ins Reich der Menschen empor.

Der Hokamaa

In den Hülen der schwäbischen Albdörfer und in der Lauter bei Buttenhausen wohnt der Hokamaa. Er lauert unter der Wasseroberfläche oder im Gebüsch. Wenn Kinder in seine Nähe kommen, taucht er blitzschnell hoch, erfasst sie mit seinem Haken und zieht sie zu sich in die Wassertiefe. Besonders gefährlich ist es, in seine Nähe zu kommen, zur hohen Mittagszeit und am Johannistag. Geht man an der Lauter in der Dämmerung spazieren, so kann man, wenn es ganz still ist, die Kinder auf dem Grund des Wassers singen hören.

Das niesende Waldmännle

Einige Bauern aus Bühl gingen einmal nach Dußlingen durch den Wald. Während sie miteinander sprachen, hörten sie in der Nähe ein Wimmern, achteten aber nicht darauf und gingen weiter. Bald darauf hat jemand im Walde »genossen« (geniest). »Helf dir Gott!«, riefen sie ihm zu. Da nieste es noch einmal. »Helf dir Gott!«, riefen sie wieder. Als es aber zum dritten Male nieste, sagten sie unwillig: »Ei, so geh zum Teufel!« »Ich glaube, da will uns einer zum besten haben«, sagte ein anderer. Alsbald aber trat ein kleines Männlein hervor und jammerte und sprach: »Ach, hättet ihr zum dritten Male ›Helf dir Gott!‹ gesagt, so wäre ich erlöst gewesen. Nun aber muss ich warten, bis eine Eichel von dem Baume fällt und aus der Eichel ein Baum wächst und aus dem Baume Bretter geschnitten werden und aus den Brettern eine Wiege gemacht wird. Das Kind, das in diese Wiege zu liegen kommt, das kann mich dann erst erlösen.«

Der Geißritt

In Derendingen, erzählt man, lebten einst zwei Schneider. Der eine war ein Hexenmeister, der bei keiner großen Hexenversammlung fehlte und seinem Freund immer die abenteuerlichsten Geschichten erzählte. Der andere wünschte die Fahrt zum Tanzplatz auch einmal zu machen und bat daher den Hexenmeister, ihn das nächste Mal mitzunehmen. Der versprach es ihm, und als die Zeit da war, bestieg der Hexenmeister seine Geiß und ließ den andern Schneider seinen Bock reiten. Zuvor verwarnte er ihn aber ernstlich, unterwegs ja kein Wort zu reden. Nach einiger Zeit kamen sie auf ihrer Fahrt an einen breiten Strom. Der Hexenmeister, der voranritt, setzte mit einem einzigen Sprung hinüber. Da stieß der andere Schneider vor Verwunderung die Worte aus: »Gotts Blitz! Wenn dei Goaß schao sotte Sprüng macht, wia wurd do mei Bock aerst springe!« Kaum gesagt, pflumpste der Schneider ins Wasser und der Bock war verschwunden. Dreihundert Stunden hatte der geschwätzige Schneider zu gehen, bis er endlich wieder nach Hause kam.

Auf der Alb sei es nicht geheuer

Alte Leute, die's wiederum als Kinder von ihren Ahnen gehört haben, erzählen, dass es einst auf der Alb in der Gegend um Ringingen und Salmendingen nicht geheuer gewesen sei. Einem Studenten, der in Meßkirch daheim in der Vakanz gewesen und zu Fuß nach Tübingen unterwegs war, sei etwas ganz Absonderliches widerfahren. Er war in der Frühe von Meßkirch aufgebrochen, hatte bei seinen Verwandten in Burladingen für eine Stunde ausgeruht und wollte noch bis zum Abend nach Salmendingen kommen. Er hatte sich aber etwas verspätet, und so wurde es dunkel, als er erst halbwegs vor Ringingen draußen war. Doch focht ihn das nicht weiter an, da er hier schon des Öfteren gegangen und jeden Weg und Steg kannte. Mit einem Mal wurde ihm aber ganz seltsam zu Mute: Deuchte ihn doch, als wandle er durch einen endlos großen Wald und wusste doch so gewiss, als er Hansjörg hieß, dass hierorts nie weder Wald noch Wildnis gewesen war, sondern allzeit ebenes Feld und Ackerland. Ihm wurde immer unheimlicher. Aus Angst kehrte er um bis zur Ringinger Kapelle, suchte den richtigen

Weg aufs Neue und irrte wieder durch den großen, finsteren Wald, der kein Ende nehmen wollte. Zuletzt kam ihn eine solche Furcht an, dass ihm die Haare zu Berg standen, denn plötzlich schien es ihm, als sei er stundenweit auf seiner Reise zurück und wieder ganz in der Nähe von Burladingen. Dann war er aber wunderbarerweise doch auf dem rechten Weg nach Salmendingen. Als er dort spät in der Nacht in ein Gasthaus trat und den Wirt um Herberge fragte, glich er mehr einem Toten als einem Lebendigen. Er mied fortan diese Gegend der Alb, in der es wahrhaftig nicht ganz geheuer war.

Vom 6. und 7. Buch Mose

In verschiedenen Orten auf der Schwäbischen Alb gab es früher Leute, die sich mit dem 6. und 7. Buch Mose befasst haben. Man weiß ja, dass diese beiden Bücher schwarzmagischen Inhaltes sind.

Nun war in Lonsingen ein junger Mann, der heiratete eine Frau mit einem Kind, was seiner Mutter nicht recht war. Nach der Hochzeit haben die jungen Leute bei des Mannes Mutter gewohnt und sind morgens herunter ins Tal zur Arbeit gegangen. Sie arbeiteten in einer Spinnerei an der Erms. Bald bemerkte die junge Frau, dass ihr Kind zu kränkeln begann und des Nachts angstvoll schrie. Eines Morgens ging die Frau nur zum Schein zur Arbeit, kehrte kurze Zeit später zurück und spähte durch ein kleines Fenster in die Stube. Da sah sie, wie ihre Schwiegermutter aus einem Buch etwas las, und dann das Buch in das Bett des Kindes steckte. Die junge Frau eilte in das Haus, riss das Buch aus dem Bett, und da sah sie, dass es das 6. und 7. Buch Mose war.

Die jungen Leute sind dann ausgezogen, das Kind wurde bald darauf gesund.

Die unehrliche Bauersfrau

Zwischen Urach und Hülben auf dem Kälberburren steht ein Fels, der »Mädlesfels« genannt. Dort geht der Geist einer Bauersfrau um. Diese Bauersfrau verkaufte zu ihren Lebzeiten auf dem Uracher Markt Butter. Doch nahm sie heimlich von jedem

Pfund ein Viertel ab. Zur Strafe muss sie nun bis zum Jüngsten Tag umgehen, erst dann wird sie erlöst. Bis dahin muss sie an jedem Markttag – Mittwoch und Samstag – um Mitternacht vom Mädlesfels herunterrufen:

>»Drei Vierling isch kai Pfand,
>a Pfand isch kai drei Vierling.«

Das Hellsternmännlein

Im Hellstern, einem Wäldchen zwischen Hohenstadt und Westerheim, ging früher zur Nachtzeit ein kleiner Lichtgeist um, das Hellsternmännlein genannt. Wer es sah, suchte so rasch wie möglich aus dem Wald hinauszukommen; denn es verfolgte jeden, der in seine Nähe kam, hockte ihm zentnerschwer auf dem Rücken und ließ sich bis ans Waldende tragen.

Einmal war ein Mann aus Westerheim in dem Wäldchen beim Holzschlagen. Da sah er plötzlich das Hellsternmännlein neben sich unter einem Baum ein Loch graben. Vor Schreck und Angst stand er eine Weile wie gelähmt da. Endlich fasste er Mut und wollte entwischen. Im Hui saß ihm das Männlein auf der Schulter. Der Mann schlug nach ihm und versuchte, es abzuschütteln. Es saß aber fest wie angewachsen und blickte ihn mit so entsetzlichen Augen an, dass er nicht mehr nach ihm zu schlagen wagte und es eben schwitzend und keuchend weitertrug. Am Waldrand war das Männlein mit einem Mal verschwunden.

Noch heute geht niemand gern nachts allein durch das Wäldchen, aus Furcht, der Hellsterngeist könnte ihm begegnen.

Der geheime Klostergang

In Offenhausen war im Mittelalter ein Nonnenkloster. Das Gebäude gehört heute zum Gestüt Marbach. Die Nonnen von Offenhausen haben einen schlimmen Lebenswandel geführt, deshalb wurde das Kloster noch vor der Reformation aufgehoben. Die Leute hatten immer den Verdacht, dass von dem Nonnenkloster in Offenhausen ein geheimer Gang nach Kohlstetten gehen würde, wo ein Mönchskloster war. Vor etwa 40 Jahren fand man bei Bauarbeiten in Offenhausen einen Teil jenes Ganges.

Der Teufel und die Glocke

Ein Bauer aus Rottenburg besuchte, wenn er auf dem Felde pflügte, stets die Messe in der Sülchenkirche. Dann kam jedesmal ein Engel und pflügte für ihn weiter. Aus Dankbarkeit dafür ließ der Bauer auf diesem Feld eine Kapelle bauen. Nur zu einer Glocke hatte er kein Geld mehr. Da machte er einen Bund mit dem Teufel, dass dieser ihm von Rom eine Glocke holen sollte. Brächte der Teufel die Glocke am folgenden Tag, noch bevor der Pfarrer mit der ersten Messe fertig sei, so sollte die Seele des Pfarrers ihm gehören; würde der Pfarrer aber vorher fertig, so müsse der Teufel die Glocke umsonst liefern. Der Teufel holte nun die Glocke. Als er aber damit über den Bodensee flog, entriss Petrus sie seinen Händen und warf sie in den See. Der Teufel fischte sie zwar wieder heraus, aber er verspätete sich deswegen so, dass der Pfarrer die Messe längst beendet

hatte. Aus Ärger darüber warf der Teufel die Glocke so heftig auf die Erde, dass sie einen Riss bekam. Das hat man noch lange am Geläut ganz deutlich gehört.

Das geheimnisvolle Glockengeläute

Zwischen Urach und Grabenstetten auf der Höbe, bei der Schafweide, waren bis zum Dreißigjährigen Kriege dort zwei Dörfer, Ulmerebersteten und Pfahlerebersteten. Durch die Kriegswirren und Schrecken verließen die Einwohner die Dörfer, und diese zerfielen. Doch bis zum heutigen Tage soll man am Karfreitag und in den zwölf heiligen Nächten um Mitternacht die Glocken der »abgegangenen« Dörfer läuten hören.

Das Gnadenbild von Weggental

In der Kirche im Weggental bei Rottenburg stand vor Zeiten ein Bildstöcklein mit der Mutter Gottes. Ein Mann von Remmingsheim kam geschäftehalber in die Stadt. Sein Weg führte ihn am Bildstock vorbei. Da dachte der Mann bei sich, dass das Bild eine feine Marktkromet für seine Kinder gäbe, nahm es heraus, steckte es in den Sack und ging seines Weges. Zu Hause suchte er das Bild überall, konnte es aber nirgends finden. Wie er aber wieder einmal auf den Rottenburger Markt ging und am Bildstock im Weggental vorbeikam, da sah er das Bild an seinem alten Platz. »Wart, ich will dir das Ausreißen vertreiben; ich will doch sehen, wer Meister wird!«, brummte der Bauer vor sich hin, nahm das Bild wieder mit und sperrte es daheim in seine Truhe, die er fest verschloss. Wie er sie aber am andern Morgen wieder aufmachte, da war das Bild wieder verschwunden und es stand richtig an seinem ursprünglichen Platz, als ob es nie fortgenommen worden wäre.

Nun wusste der Mann nicht mehr, was er von der Sache sagen oder denken sollte. Er erzählte sie seinem Nachbarn, dieser wieder einem andern, und so wurde die Geschichte bald in der Gegend und schließlich im ganzen Land bekannt. Bald wollte jedermann auch das wunderbare Bild sehen, und so kamen mit der Zeit immer mehr Leute zur Kapelle im Weggental, die einen aus bloßem Wunderfitz, die andern aus wirklicher Andacht. So ist das Wallfahren zur Mutter Gottes im Weggental aufgekommen.

Pater Ungelehrt

Johann Ludwig Ungelehrt, aus Pfullendorf stammend, hatte im Dreißigjährigen Krieg als Franziskanerpater in Villingen gelebt. Von ihm wird folgende Geschichte erzählt:

Der Pater, nicht nur in der Theologie, sondern auch in anderen Wissenschaften, besonders in der Physik und Magie wohl bewandert, hatte sich ein künstliches Pferdchen gebaut, das in allem einem wirklichen Pferde glich, nur Hafer fressen konnte es nicht. Ein Rosshändler, der an dem Kunstwerk Gefallen gefunden hatte, überredete den Pater, ihm das Pferdchen gegen gutes Geld zu verkaufen. Dieser überließ dem Rosshändler das Pferd unter der Bedingung, dass er mit dem Pferd nicht durch einen Bach oder Fluss reiten dürfe. Als der Rosshändler nun zur Stadt hinausritt und ins Bregtal kam, konnte er der Versuchung nicht widerstehen, auf seinem künstlichen Tier durch die Breg zu reiten, um die Wirkung des Wassers auf das Pferd zu beobachten. Allein, wer beschreibt sein Erschrecken, als das Pferd in der Mitte des Flusses plötzlich unter ihm verschwand und er sich auf einem Büschel Stroh sitzen sah, das mit ihm gemächlich talabwärts schwamm. Der Rosshändler rettete sich ans Ufer und eilte voller Zorn in das Franziskanerkloster zurück, um den Pater zur Rede zu stellen und sein Geld zurückzufordern.

Pater Ungelehrt, der das alles wohl vorausgesehen hatte, lag in seiner Zelle im Bett und stellte sich schlafend, während er einen Fuß unter der Decke hervorstreckte. Der Rosshändler versuchte, den Pater zu wecken. Als ihm das nicht gelang, packte er den herausgestreckten Fuß und zog aus Leibeskräften daran. Da blieb ihm der Fuß in den Händen hängen. Von Entsetzen gepackt, ließ er ihn fallen und rannte davon, ohne jemals wiederzukehren.

Der Schatz auf dem Hohenkarpfen

Die fahrenden Schüler – so erzählt man sich im Volk – wissen alle verborgenen Schätze der Erde; sie brauchen auch nicht zu graben und zu schaufeln, sondern wenn sie an den rechten Platz kommen, öffnen sich ihnen die Schätze von selbst.

So kam auch eines Tages ein fahrender Schüler nach Seitingen, sammelte die Männer des Dorfes um sich und erklärte, jetzt sei Zeit und Stunde gekommen, da man den Schatz im Hohenkarpfen heben könne. Das Werk würde ihm gelingen, wenn er nur zwei beherzte Männer zur Seite hätte. Es fanden sich zwei solche Männer, und mit ihnen zog der fahrende Schüler zum Karpfen hinauf, um den Schatz zu heben. Als sie an den geheimen Ort kamen, tat sich die Erde auf und der Schatz lag vor ihnen – eine eiserne Truhe, die bis obenhin mit Gold- und Silberstücken gefüllt war. Der fahrende Schüler streckte seine Hand nach der Kiste aus, da erschien ein kohlschwarzer Pudel von abscheulicher Gestalt, mit feurigen Augen, so groß wie Pflugräder, und rannte mit wildem Gebell auf der Kiste hin und her. Mit einem einzigen Hieb schlug ihn der Schüler zu Boden. Sogleich aber stieß ein ungeheuerlicher Rabe mit furchtbaren Krallenfüßen aus den Baumwipfeln auf ihn herunter. Doch der Schüler ließ sich nicht abschrecken. Mutig holte er eine Handvoll Geldstücke aus der Schatzkiste und orderte die beiden Männer auf, ebenfalls zuzugreifen. Als sie aber in die Kiste langen wollten, sahen sie plötzlich über ihren Köpfen an einem Bindfaden einen riesigen Mühlstein hängen, und auf ihm hockte grinsend der Teufel und war gerade dabei, den Faden mit einer großen Schere abzuzwicken. Da ergriff die Männer kalter Graus. »Oh Schreck! Oh Weh!«, schrien sie, liefen Hals über Kopf davon, den Hohenkarpfen hinunter und wollten Zeit ihres Lebens von keinem Schatz mehr etwas wissen.

Glucker zu Gold geworden

Es trug ein Schusterstöchterlein von Zwiefalten etliche Paar »Bossen« nach Attenhöfen zum Christesbauern. Da fand es am Attenhöfer Fußweg mitten im tiefsten, dicksten Morast ein überaus zierlich gearbeitetes Kästchen, voll von schönen farbigen Gluckern. Es war aber für das Mädchen ungeschickt, das Kästchen gleich mitzunehmen, steckte drum ein paar Glucker zu sich und gedachte, das Übrige auf dem Heimweg mitzunehmen. Als es aber im Herweg begriffen war, sah es von den schönen Sachen nichts mehr und griff rasch in die Tasche, um nach den anfänglich mitgenommenen Gluckern zu sehen. Diese waren aber nun zu lauter Gold geworden.

Der Schlangenkönig

Im tiefen großen Keller der Ödenburg liegen kostbare Schätze verborgen, die ein Schlangenkönig hütet. Er trägt eine wunderschöne goldene Krone auf dem Kopf. An schönen Tagen kam er einst immer auf dem gleichen Weg durch die Weinberge und Wiesen von der Burg ins Tal herunter und badete im Neckar. Sein Krönlein legte er zuvor auf einem sauberen trockenen Plätzchen nieder. Der Hofbauer von Hirschau, der mit mancherlei geheimen Dingen vertraut war, konnte den Schlangenkönig öfter beobachten und wusste auch, wie man sich dieses Krönlein verschaffen konnte.

Eines Tages wagte er das gefährliche Kunststück. Als der Schlangenkönig wieder auf dem gewohnten Weg an den Neckar herunterkam, holte der Hofbauer seinen schnellsten Rappen aus dem Stall, ritt eilends herbei, breitete ein weißes Tüchlein am Ufer aus und sprengte im Galopp davon. Der Schlangenkönig kroch herbei, legte sein Krönchen auf das Tüchlein, damit es sich dort sonne, und begab sich dann ins kühle Bad. Augenblicklich ritt der Bauer wieder heran, nahm das Tuch mitsamt dem goldenen Krönlein und jagte seinem Hofe zu. Der Schlangenkönig mit Blitzesschnelle hintendrein. Der Bauer kam auf seinem Rappen gerade noch glücklich zum Hoftor hinein und konnte es hinter sich zuschlagen. Hätte der Schlangenkönig ihn erreicht, so wäre es um sein Leben geschehen gewesen. Das Schlangenkrönlein aber machte ihn reich und brachte ihm Glück, solange er lebte.

Das Kellermännlein

Am Honberg bei Tuttlingen ging in vergangenen Zeiten ein sonderbarer Spukgeist um. Bald erschien er als Neckvogel, der Leute, die nachts noch im Walde waren, irreführte. Standen sie dann am Ende in einer entlegenen, tiefen Felsschlucht und wussten nicht mehr aus und ein, so flog er mit spöttischem Lachen davon. Bald nahm er, wie es einmal im Daxenloch geschah, die Gestalt eines schwarzen heulenden Hundes an, um den Bauern auf dem Felde Angst einzujagen. Meistens erschien er als zwerghaftes Männlein und war freundlich und hilfreich gegen die Menschen.

Einmal saßen um die Mittagszeit drei Schnitterinnen am Feldrain und seufzten in der heißen Sonne über ihre harte Arbeit. Da stand plötzlich das Männlein vor ihnen und erbot sich, den ganzen Kornacker über Nacht zu schneiden. Die Schnitterinnen nahmen diese Hilfe gerne an und machten sich auf den Heimweg. Aus der Ferne sahen sie, wie das Männlein mit einer Schar kleiner Kobolde das Korn schnitt, und sie konnten auch hören, wie es seine Gehilfen mit den Worten aufmunterte: »Nur fein säuberle! Nur fein säuberle!« Den Acker heißt man heute noch den Feinsäuberleacker.

Das Männlein – so erzählen die Leute – habe seine Wohnung im tiefen, verschütteten Keller der Ruine Honburg. Dort sitze es auf einer Kiste, die mit kostbaren Schätzen gefüllt sei. Nur ganz selten spende es einem Glückskind von diesem Reichtum an Gold und Silber und Edelstein. Unter den vielen tausend Bäumen im Honbergwald habe das Kellermännlein einige verzaubert. Das Kind, das in einer Wiege gewiegt werde, die aus dem Stamm eines solchen Baumes gezimmert worden sei, genieße die besondere Gunst des Männleins. In langen Jahren sei es nur ein einziges Mal geschehen, dass ein solcher verzauberter Baum gefunden wurde. Das Mädchen einer armen Taglöhnerin sei in der Wiege aus dem Holz des Zauberbaumes gewiegt worden. Das Kellermännlein habe es reich beschenkt und das Mädchen sei sein Leben lang ein Glückskind gewesen.

Der Goldkessel der Reichenau bei Auingen

Abseits des Albdorfs Auingen ragt hart an den Grenzen des heutigen Truppenübungsplatzes ein runder Bergkopf auf: die Reichenau. Hier stund vor Zeiten ein Schloss, und noch sieht man Brunnen und Wälle und Mauern. Da liegt hundert Klafter unter den Ruinen ein ungeheuer reicher Schatz, in einem goldenen Kessel geborgen. Alle fünfhundert Jahre einmal wird ein Mensch geboren, der kann den Schatz heben, wenn er mutig genug ist. Gelegenheit dazu hatte einmal der Hirte von Heroldstatt. Der weidete eines Tages seine Herde am Fuße der Reichenau. Als er nun gegen den Abend eintreiben wollte, vermisste er ein junges Rind, und nach einigem Suchen hörte er es oben auf der Reichenau brüllen. Er stieg den Berg hinan und war schon nahe dem Gipfel desselben, als mit einem Mal eine wunderliebliche, aber seltsam gekleidete Jungfrau vor ihm stand und zu ihm sprach: »Du lieber Trautgesell, du kommst zur rechten Stunde her; wisse, dass du berufen bist, den vergrabenen Schatz unter deinen Füßen zu heben, du bist dann mit eins der reichste Mann weitum.« Der Hirte erschrak zuerst über der seltsamen Erscheinung, aber er fasste Mut und besprach sich mit der Jungfrau. Er vernahm, dass er von heute in vierzehn Tagen, wenn der Vollmond am Himmel stehe, wieder auf diesem Platz sich einfinden solle. »Und zwei Priester nimm' mit dir, die müssen die Beschwörung sprechen«, sagte die Jungfrau. »Ihr werdet den Schatz in güldenem Kessel auf dem Gipfel des Berges funkeln sehen. Alsdann schreitet hinzu und lasst euch nicht irren. Was auch immer euch in den Weg träte und sähe es noch so schrecklich aus, es kann euch nicht schaden. Greifet nur kecklich in den Goldhaufen ein, und er ist euer für immer. Aber wenn ihr euch schrecken lasset und feig die Flucht ergreifet, wehe dann mir! Abermals muss ich dann 500 Jahre verzaubert sein und kann die ewige Ruhe nicht finden. Deshalb erbarme dich meiner, wie du willst, dass Gott sich deiner erbarme!« In diesen letzten Worten zitterte eine solche Fülle des Jammers, dass der Hirte versprach, die Pein der Jungfrau zu lindern und nach vierzehn Tagen in der Vollmondnacht zu kommen und den Schatz zu heben. Dann zerfloss die holde Erscheinung der Jungfrau wie ein Nebelwölkchen im Frühlicht, und im selbigen Augenblick kam das gesuchte Rind aus dem Gebüsch gesprungen und folgte seinem Leiter willig den Berg hinab.

Am andern Tag lief der Hirte zum Priester von Münsingen, welcher ein rechtschaffen frommer Mann war, und erzählte ihm alles, was er auf Reichenau gesehen und gehört hatte. Der Mann Gottes beschloss, hilfreiche Hand zu bieten, weil es sich hier um einen Triumph über den Satan handle. Und er verordnete einen Amtsbruder zum Werke. Als die Vollmondnacht nun erschien, da gingen der Hirt und die Priester hinaus zur Reichenau. Eben als der Nachtwächter im nahen Auingen die elfte Stunde ausrief, stiegen sie den Berg hinan. Plötzlich rumorte es innen im Berge, und mit einemmal schoss oben auf dem Gipfel eine hohe Flamme empor. In ihrem Scheine aber glänzte ein Kessel, der war bis zum Rande mit Gold und mit Silber gefüllt. Als sie nun hinzuge-

hen wollten, da erhub sich rings um sie her ein Geschrei von Raben und Eulen, und Fledermäuse flogen herzu, und aus dem Gebüsch wurden Knochen und Steine geschleudert, und grinsende Schädel kollerten unter ihren Füßen dahin. Aber ihre frommen Gebete bannten den Teufelsspuk, und sie drangen tapfer voran. Plötzlich verfinsterte sich der Himmel, der eben noch voll Mondlicht gewesen, und der Berg bebte, und ein schreckliches Unwetter tobte. Blitze fielen gleich feurigen Lanzen hernieder, und schauerlich knallten die Donner im nächtlichen Wald. Und jetzt stürzten grausige Tiere aus Busch und Felsenspalt und drohten, jeden zu töten, der näher käme. Aber die dreie achteten das nicht. Sie schritten herzhaft auf den funkelnden Kessel zu, und jetzt waren sie oben. Eben wollte der Hirte vortreten, um, wie ihm die Jungfrau geboten, einen Griff in den Kessel zu tun. Da öffnete sich, von unsichtbarer Hand gespalten, die Erde, und dem Boden entstieg scheußliches Gewürme, und Raubtiere fletschten die Zähne, und ein abscheulicher Gestank erfüllte die Luft, also dass es nicht möglich war zu atmen. Da wandte sich der Hirte, und als er sah, wie die Priester in eiliger Flucht davonliefen, erfasste ihn ebenfalls jähes Entsetzen, und er lief nun auch den Abhang hinunter. Die Jungfrau aber ermahnte mit jämmerlichem Bitten zum Ausharren. Umsonst, die Männer kehrten nimmer um. Erst als der Lärm um sie her verstummt war, da fassten sie soviel Mut, rückwärts zu schauen. Und siehe, um den Gipfel der Reichenau zog ein flammender Schein, und eine tiefe Spalte klaffte im Berg, und der goldene Kessel verschwand eben in der Tiefe. Aus dem Walde aber hörte man ein ohrenbetäubendes Lachen, das Hohngelächter der Hölle: Satans Künste hatten wieder einmal über der Menschen Furcht gesiegt.

Seit der Zeit haben's die Leute noch oftmals unternommen, den Goldkessel der Reichenau zu heben, aber keinem ist es gelungen, auch den Schatzgräbern nicht, die im Jahre 1818 durch Monde hindurch nächtlicherweise an diesem Ort ihr Glück versucht haben.

Von Narren, Schlaubergern und Schlawinern

Jokele, sperr!

Bevor die Eisenbahn den Verkehr an sich zog, kamen auf dem Neckarflusse vom Schwarzwald her große Flöße geschwommen, die aus mächtigen Tannen zusammengefügt waren und von kräftigen Flößern geleitet wurden. In langen Stiefeln, die bis an die Hüften reichten, die lange Flößerstange in der Hand, standen sie auf den langsam dahingleitenden Stämmen, von Zeit zu Zeit einander mit heller Stimme rufend, zu sperren oder zu schieben, je nachdem wie die Strömung des Flusses es erforderte.

Den Studenten in Tübingen war es immer ein großes Vergnügen, von der Brücke aus den Flößern zuzusehen und sich mit ihnen zu necken. »Jokele, sperr!«, riefen sie, »sperr ...« Und die Flößer blieben ihnen nichts schuldig. »Tätet ihr nur studieren, ihr Faulenzer!«, war ihre stehende Antwort, der sie aber noch eine Reihe von Schimpfworten anfügten, die ich hier nicht wiedergeben kann. Je derber diese Schimpfworte ausfielen, desto größer war das Vergnügen der Studenten, die sich darüber vor Lachen fast ausschütten wollten.

Auch die Studierenden im evangelischen Stift beteiligten sich gerne an dieser Neckerei. Sie hatten dazu auch eine besonders günstige Gelegenheit, denn verschiedene Fenster des Stifts gehen auf den Neckar hinaus. Der Vorstand des Stifts, ein alter, frommer Professor, war mit diesem Ulk gar nicht zufrieden. Ihm deuchte es für zukünftige Geistliche unpassend, an einem solch unfrommen Treiben Anteil zu nehmen, und er verbot es ihnen des Öfteren. Die Stiftler entschuldigten aber jedes Mal ihr Tun damit, dass sie mit groben Redensarten bedient wurden, sobald sich nur ein Kopf am Fenster sehen lasse. Der Herr Professor wollte dies nicht glauben. »Wenn ihr die Flößer in Ruhe lasset, so halten sie auch Frieden mit euch«, sagte er. Um ihnen das auch zu beweisen, kam er eines Tages, als eben ein Floß in Sicht war, in das Arbeitszimmer einiger Studenten und stellte sich vor das geöffnete Fenster. Damals trugen aber die Professoren noch große Haarperücken auf dem Kopfe, so dass sie gar wundersam aussahen. Der Floß kam näher, und wirklich schienen die Flößer diesmal keine Lust zu haben, sich mit dem Stift zu necken. Der Professor triumphierte schon in seinem Herzen und gedachte, den Studenten eine ernstliche Strafrede ihrer unwahren Angabe wegen zu halten. Da hob hinter ihm ein Student einen langen Kanonenstiefel in die Höhe, ohne dass der Professor es merkte. Und die Flößer, als ob sie nur auf dieses Zeichen gewartet hätten, fingen nun an, zum Fenster hinaufzuschimpfen, was sie vermochten. »Und seht doch«, rief einer, »das alte Schaf muss sein' dummen Grind au no zum Fenster rausg'streckt habe'!« Der Herr Professor hatte an dieser Probe genug. Er wandte sich entrüstet vom Fenster weg und sagte zu den Studenten, die einstweilen wieder die harmloseste Miene aufgesetzt hatten: »Sie haben recht, meine Herren, mit diesen Leuten kann auch der Frömmste nicht im Frieden leben!« Also durften die Stiftler ihre Neckereien fortsetzen, und die Flößer, die daran auch ihre Freude hatten, waren des zufrieden.

Die Schulzenwahl

Die Geschichte soll sich, wie die Leute erzählen, vor langer Zeit in dem kleinen Albdorf Feldstetten zugetragen haben. Da hatte der Schultheiß altershalber sein Amt niedergelegt und nun musste ein neuer gewählt werden. Einer von auswärts – so sagten die Feldstetter – konnte nie und nimmer der »Haöchste em Flecka« werden, das ließ schon ihr Bauernstolz nicht zu. Es kam nur ein einheimischer Bürger in Betracht. »Aber wer?«, fragten sich die Mannen. »Natürlich der, der am meisten Grütz im Kopf hat – und das bin ich!«, dachte jeder im Stillen. Aber sich selber kann man doch wohl anstandshalber nicht wählen. Es war schon eine verflixte Sache!

So kam der entscheidende Tag heran. Mann für Mann schritt im Sonntagsgewand zur Abstimmung aufs Rathaus, um vielleicht selbst als Schultheiß gewählt zu werden. An der Tür zum Wahllokal stand der Dorfbüttel und drückte jedem Wähler einen leeren Stimmzettel in die Hand. »Ja, wen soll ich jetzt auf den Zettel schreiben?«, fragte der erste den Büttel. »Was meinst, Hansjörg?« – »Ei«, erwiderte der spitzbübische Büttel, »wenn dir kein Name einfällt, so schreib halt den meinen drauf – zum Spaß. Auf eine Stimme kommt's ja nicht an.« – »Hast recht, Hansjörg, 's ist ja bloß wegen dem Spaß«, meinte der Bauer, schrieb den Namen des Büttels auf seinen Zettel und warf ihn in die Wahlurne. Und dann kam der zweite und der dritte und wieder einer und noch einer – wie eben die Feldstetter Bürger nacheinander die Zeit fanden, zur Schulzenwahl aufs Rathaus zu gehen. Keiner gönnte eigentlich dem andern seine Stimme; jeder fragte den Büttel, wen er denn auf den Zettel schreiben solle, und zu jedem sagte er: »Schreibst halt den meinen drauf – zum Spaß!« Und wahrhaftig, als man am Abend die Stimmen zählte, da gab's einen Spaß und keinen kleinen! Zum »Haöchste em Flecka« war einstimmig der Büttel gewählt worden. So also ist's gekommen, dass damals in Feldstetten der Dorfbüttel »aus Spaß« auf den Schultheißensessel zu sitzen kam.

Gut bedient

Ein vornehmer preußischer Offizier reiste einst zu Pferd durchs Schwabenland. Er hatte den Bodensee besucht und wollte nun über die Alb und durch das Neckartal nach Berlin zurückkehren. Er wäre an diesem Tag gerne noch bis Urach gekommen. Auf der einsamen Höhe der Alb geriet er aber in ein solches Schneegestöber, dass er kaum mehr den Weg zum nächsten Dorfe fand. Vor dem Gasthaus zum »Lamm« stieg er ab, hieß den Hausknecht sein durchgefrorenes Pferd in den Stall bringen und stolperte mit klirrenden Sporen die drei Steinstufen hinauf in die Gaststube. »He! Herr Wirt!«, rief er und ließ sich mit lang ausgestreckten Beinen auf die Ofenbank fallen. Der alte, behäbige Lammwirt kam hinterm Schanktisch hervor, die rechte Hand in der rechten Wamstasche, die linke Hand in der linken Wamstasche und fragte: »Was steht zu Diensten, Herr Offizier?« – »Zuerst mal ein reichliches Abendessen und danach ein weiches Bett für die Nacht!« – »Ganz wie der Herr Offizier wünscht. Der Herr wird gewiss zufrieden sein.« – »Eh! Noch eins, Herr Wirt!«, fuhr der Offizier fort. »Er ist doch ein wahrhaftiger Schwabe?« – »Will ich meinen! Ein echter und wahrhaftiger!« – »Haha! So treff ich's hier ja zum besten! Bin ich schon im Schwabenland und ist er ein richtiger Schwabe: Dann besorge er mir sogleich ein Paar Pantoffeln und einen Schwabenstreich!« – »Wohl wohl!«, entgegnete lachend der Wirt. »Auch das kann der Herr haben, wenn er mir erst erlaubt, ihm beim Stiefelausziehn behilflich zu sein.« Der Offizier hielt ihm erst das linke, dann das rechte Bein hin und es brauchte nur zwei tüchtige Ruck und die Stiefel lagen am Boden. »So, wenn der Herr sich jetzt ein Weilchen gedulden wollen«, sagte der Wirt, hob die kniehohen Reitstiefel an den Struppern auf und entfernte sich.

Draußen nahm er ein Messer und schnitt kunstgerecht von den kalbsledernen Langschäftern die Vorderteile ab. Drauf trat er wieder in die Wirtsstube, in der Rechten die Pantoffeln, in der Linken die Rohre, und legte beides dem Herrn vor die Füße. »Zum Teufel aber auch!«, rief der Offizier. »Was soll das? Was hat er mit meinen Stiefeln gemacht!« – »Nichts weiter als was der Herr gewünscht haben«, entgegnete seelenruhig der Wirt, »ein Paar Pantoffeln und einen Schwabenstreich. – Schlaft gut und seid unbesorgt: Den Schwabenstreich geb ich Euch drein, er kommt nicht auf die Rechnung!«

Strafe für die Bettler

Es war zu der Zeit, als Baden und Württemberg noch nicht zusammengehörten. Da hatte in einem Dorf in der Nähe von Villingen und Schwenningen das Bettelwesen überhandgenommen. Da gleich hinter dem Dorf die Landesgrenze und damit auch die Hoheitsgrenze für den Büttel und den Landjäger vorbeiging, so konnten Landstreicher, wenn Gefahr im Verzug war, hinüberwechseln aufs Nachbargebiet.

Als deswegen Klagen kamen und sich mehrten, trug der Schultheiß die Sache im Gemeinderat vor. Und es wurde beschlossen, an den beiden Ortsausgängen Tafeln anzubringen mit der Aufschrift, das Betteln in den Häusern sei bei drei Mark Strafe verboten.

Einer der Gemeinderäte erhob freilich den Einwand, dass die Bettler meist arme Leute seien und selten über viel Kapital verfügen; was man in dem wahrscheinlichen Falle zu tun gedenke, wenn der Bettler die Strafe nicht bezahlen könne. Da wurde der Schultheiß hitzig, er erhob sich und sagte: »Dann muss ihn der Büttel festnehmen, und unter Aufsicht muss der Lump so lange im Ort betteln, bis er die drei Mark beisammen hat!«

Die Genkinger Balkenstrecker

Zu Genkingen auf der Alb stand einst inmitten des Dorfes eine große Linde. Bei ihr versammelten sich am Sonntag oder abends, wenn die Geschäfte vollbracht waren, die Leute, um Rat zu halten oder zu plaudern. Unter der Linde lag auf Steinen ein dicker Balken, der ihnen als Bank diente.

An einem Sonntagabend war der Balken eng mit Leuten besetzt. Da kam noch der Schultheiß, und obwohl die Leute enger zusammenrückten, so wollte es doch für ihn nicht mehr zum Sitzen reichen. Weggehen und dem Schultheiß Platz machen wollte aber auch niemand. Nachdem man sich nun lange hin und her beraten hatte, was in diesem schwierigen Fall zu tun sei, kam endlich einer auf den glorreichen Einfall, den Balken zu strecken. Gesagt, getan! Die beiden stärksten Burschen packten den Balken an den Enden und fingen an, aus Leibeskräften zu ziehen. Dabei geschah es, dass einem der Balken plötzlich aus den Händen glitt. Der andere, vermeinend, der Balken gebe nach, lief mit ihm davon und schrie: »'s goht! 's goht!« Die Genkinger erhielten von dieser Geschichte den Namen Balkenstrecker. (Ähnliches wird auch von anderen schwäbischen Orten erzählt.)

Der Gönninger Papagei

Ein Papagei, der in Reutlingen dem Käfig entflohen war, kam auf seinen Irrfahrten nach Gönningen, wo er sich müde und matt auf einen Apfelbaum nahe beim Ort setzte. Den Leuten, die vorbeigingen, fiel der große, buntfarbige Vogel auf, und bald hatte sich eine große Schar Neugieriger um ihn versammelt. Niemand konnte aber sagen, was für ein Tier der Vogel war. Ein beherzter Bube stieg endlich auf den Baum und holte den Papagei herunter, obgleich er jämmerlich schrie und mit dem krummen Schnabel nach ihm schlug. Alles lief nun mit dem Tier zum Schullehrer, um ihn zu fragen. Aber der Schullehrer konnte diesmal auch nicht dienen, dieweil er auch noch nie einen solchen Vogel gesehen hatte. Er glaubte aber, der Vogel sei gefärbt, denn, so sagte er, ein natürlicher Vogel habe kein so scheckiges Gefieder.

Den Gönningern leuchtete das ein, und sie beschlossen, den Papagei zu waschen, um zu sehen, was für ein Tier unter der Farbe herauskomme. Gesagt, getan! In einem großen Zuber mit kaltem Wasser wurde der Papagei gewaschen und gebadet. Da sich aber die Farbe nicht lösen wollte, so versuchten sie es mit warmem Wasser und mit Seife. So rieben und wuschen sie den Papagei, bis er den letzten Schnapper tat und ihnen tot in den Händen blieb.

Von nun an wurden die Gönninger mit dem Papagei geneckt. Auch wenn sie auf Ehr und Seligkeit beteuerten, es sei kein Papagei, sondern eine gefärbte Taube gewesen, so glaubte man ihnen das nicht, und das Lachen wurde nur umso größer, je mehr sie sich darob verstritten.

Das Pfullinger Füllen

Die Stadt Pfullingen besaß in der guten alten Zeit ihre eigene Gerichtsbarkeit, die sie denn auch recht fleißig an ihren lieben Mitbürgern ausübte. Da man in Pfullingen die Landwirtschaft mit allem Eifer betrieb, und jeder Bürger seinen Obstgarten besaß, so konnte es nicht fehlen, dass bisweilen Feld-, besonders

Obstdiebstähle vorkamen. Für solche Vergehen hatte der hochweise Rat eine sehr sinnreiche Strafe eingeführt. Man hatte ein kleines Häuschen bauen lassen, das sich auf einem Zapfen drehen ließ. In dieses sperrte man den Übeltäter, der auf frischer Tat ertappt worden war, und drehte oder »drillte« ihn darin mittels einer kunstreichen Vorrichtung so lange, bis es ihm schwindlig vor den Augen wurde, und er entweder freiwillig ein Geständnis ablegte oder sein Magen empört gegen ihn zeugte.

Nun hatte der Feldhüter eines Tages ein junges Füllen ertappt, wie es auf einem fremden Grasplatze sich gütlich tat. Was tun? Ungestraft konnte der Frevel mitnichten bleiben! Also in den Driller mit dem Übeltäter! Freilich hatte die Sache einen Haken: Wie das Füllen hineinbringen? Es würde sich ja gehörig sträuben und sperren. Doch es half nichts, es musste hinein. Das Füllen wurde also gedrillt, so wacker gedrillt, dass es sich vornahm, nie wieder auf fremder Wiese zu grasen – ja überhaupt kein Gras mehr zu fressen. Denn als die Strafe vollzogen war, fand man das arme Tier tot im Driller liegen.

Wer heute nach Pfullingen kommt, mag dort fragen, warum man die guten Leute die Füllesdriller heißt, und man wird ihm vorstehende Geschichte erzählen – und noch etwas dazu!

Sankt Petrus übernimmt das Weltregiment

Als der Herrgott einmal über die Erde wanderte, um die Länder zu besuchen und der Menschen Not kennen zu lernen und zu lindern, da nahm er Sankt Petrus mit, denn er liebte ihn als einen herzhaften Gesellen. Aber auf der Wanderschaft, wie es so geht, wurden sie zweierlei Meinung. Denn Petrus sah alles mit seinem Verstande an und konnte oft die göttliche Weisheit nicht verstehen. Er meinte, auf die Dauer gehe es so nicht auf der Erde, der Herrgott sei zu gut, er lasse die Zügel schleifen und die Leute machten, was sie wollten.

Da sprach der Herrgott: »Wenn du Lust hast, ich gebe das Regiment gern auf eine Zeit ab, so magst du nun einmal die Welt regieren.«

»Gut«, sagte Sankt Petrus, »es soll gelten! Du sollst sehen, dass ich für Ordnung sorge und Frieden mache unter den Leuten.« – »Ich bin einverstanden«, erwiderte der Herrgott. »Wann willst du das Amt antreten?« – »Wenn's sein kann, gleich jetzt«, meinte Petrus, denn es war gerade Kirchweihsonntag, und er gedachte den Bauern den Übermut zu nehmen, ihnen das Saufen und Raufen, den Burschen und Mädchen das Tanzen und Liebeln abzugewöhnen und dafür mit den Leuten ein heiliges Kirchweihfest zu feiern.

Also wanderten sie dem Dorfe zu. Als sie über den leeren Kornesch gingen, trieb gerade die Gänsehirtin ihre Herde heraus, jagte sie mit Hui und Hude auf die Weide und kehrte sich Richtung Dorf, wo die Glocken zur Morgenkirche läuteten. »Wo willst du hingehen, meine Tochter?«, fragte Herr Petrus, der sich schon in seine neue Rolle gefunden hatte. »Willst du zur Kirche gehen?« – »Ja«, sagte das Mädchen, »ich will zur Kirche, heut ist ja Kirchweih.« – »Du bist ein frommes Kind«, sagte Sankt Petrus, »aber wer soll einstweilen deine Gänse hüten?« – »Oh, dafür lass ich den Herrgott sorgen«, antwortete die Magd und entlief. »Ei sieh«, sagte der Herrgott, »da hättest du ja schon ein Geschäft. Ich will einstweilen voraus ins Dorf gehen und mich der Kirchweih freuen. Ich bin froh, dass ich einmal Urlaub hab.« Und der Herrgott wanderte in das Dorf. Dort ging er mit den Bauern zur Kirche, sang mit ihnen das Lob Gottes, war dann auch dabei, wie sie sich freuten und güt-

lich taten an ihrem Festbraten. Er aß mit ihnen und war fröhlich und guter Dinge. Im Bewusstsein, die Ernte in der Scheuer und die Früchte und Rüben, den Most und den Wein im Keller zu haben, ließen die Bauern sich's wohl sein, tranken, sangen, tanzten und küssten sich. Es waren aber ein paar darunter, die machten weiter, bis sie voll waren. Da schlug die Lust um. Es gab Händel. Sie taten, was nicht Recht war, und als es Nacht wurde, war aus dem schönen Fest eine ungute Sache geworden.

Ja, wo war denn Herr Petrus, der das Amt der Weltregierung übernommen hatte und der doch nach allem sehen wollte? Ach, der lief draußen im Stoppelfeld über Stoppeln und Gräben hinter den Gänsen her, denn die fromme Magd war nach der Kirche zum Tanz gegangen. Und da das böse Ziefer merkte, dass Herr Petrus vom Gänsehüten nichts verstand, so kam der wilde Geist über sie wie über die Bauern im Dorf.

Es war schon spät in der Nacht, als er müde und verdrossen in der Herberge anlangte. Da sah er, wie es hier zugegangen. Er sah es an den zerschlagenen Krügen, Gläsern und Fensterscheiben und an den zerbrochenen Bänken. »Wie ist es denn gegangen bei den Gänsen?«, fragte der Herrgott. »Hoffentlich besser als hier bei den Bauern.« – »Ach«, sagte Sankt Petrus, »ich will es lassen, das Weltregiment ist doch nicht so einfach, wie ich es mir vorgestellt habe.«

Die Oedenwaldstetter Schimmel

Nach Oedenwaldstetten, über das ehedem die Poststraße von Urach her führte, kam einmal der König. Vom Offenhäuser Gestüt hatte er in Gomadingen ein tüchtiges Vorgespann bekommen, einen prächtigen Schimmelhengst, von dem man in Offenhausen damals viel redete und heute noch und dessen Stall bis in unsere Zeit herein den Namen Schimmelställe führte. Selbiger Schimmel nun brachte das königliche Gefährt glücklich gen Oedenwaldstetten. Vor dem Rathaus, wo alles, was laufen konnte, zusammengeströmt war und wo auch der Schultes an der Spitze seiner Gemeinderäte Aufstellung genommen hatte, hielt es an. Der stolze Schimmelhengst, den die Oedenwaldstetter Rossbauern gut kannten und sehr zu schätzen wussten, wieherte laut und schlug mit den Hufen der Vorderbeine die Straße, als hätte er das Zeichen zu der nun folgenden Begrüßungsfeierlichkeit zu geben. Der König neigte gnädig sein Ohr, und der Schultes hielt eine wohlvorbereitete, wenn auch kurze Ansprache, die der Landesvater mit freundlichem Nicken des Kopfes entgegennahm. Dann ließ er seine Blicke wohlgefällig über die versammelte Menge gleiten und sagte freundlich zum Schultes: »Sie haben viel Volk hier.« Der Schultes verstand »viel Fohlen« und entgegnete eilfertig, indem er nicht ohne Freude und Genugtuung nach dem Hengst blickte: »Jo, jo, und die sind äll' von dem graoße Schimmel von Offehausa!«

So ist es gekommen, dass man die Oedenwaldstetter Schimmel genannt hat.

Die Bärenstecher

Aichelau ist ein fürnehmes Bauerndorf. Nobel und großartig stehen die Bauernhöfe an den Straßen. Von weit herum sind ehemals die jungen Kleinbauern gekommen, wenn sie einen Hausstand gründen wollten und noch einige hundert oder einige tausend Märklein brauchten, um diesen oder jenen Acker, diese oder jene Wiese kaufen zu können, und um Jörgentag oder Martini herum sind sie mit herbem Schnaufer zum Zinszahlen angerückt.

Also in Aichelau hat man Sach, große und gute Äcker, und wenn man in die Mühle fährt, ist es auch der Wert. So fuhren einst einige Aichelauer mit ihrer Frucht das Glastal hinunter in die Wimsener Mühle, ließen tüchtig Schwarzmehl machen für Schwarzbrot und feines Schönmehl für Weißbrot und Spätzle, und das Mahlgeschäft fiel gut aus. Man sah auch dem Müller auf die Finger, dass er nicht zu viel milterte. Der Wimsener kam ja schon zu seinem Sach; er hatte noch die Wirtschaft daneben. Und vor der Abfahrt stärkte man sich immer noch tüchtig, auch diesmal. Und den Mannen von Aichelau mundete das Bier und schmeckte der Backsteinkäs. Glas um Glas wurde getrunken, und Stunde um Stunde verrann. Schon senkten sich die kühlen Abendschatten ins stille Glastal herunter, als sie endlich heimfuhren. Und bei dieser Heimfahrt wurde es im Glastal immer dunkler, und der Wald rechts und links blickte immer schwärzer zu den Mannen herüber, die vorn auf dem Wagen saßen. »Hü!«, rief der Fuhrmann und tat einen mordsmäßigen Knall, um sich und seinen Mannen und dem dunklen Wald zu beweisen, dass in seiner wackern Mannesbrust die Furcht keinen Platz habe. Doch plötzlich hörten sie einen dumpfen, wilden Laut. Es hatte aber nur der Wagen geknarrt, doch die Männer wagten kaum umzublicken. Lag nicht hinten auf dem Wagen etwas Massiges, Dunkles? Ha, das konnte nur ein Bär sein, der eben jenen fürchterlichen Laut ausgestoßen hatte. Um ihr Leben und um ihr Glück war es geschehen, wenn sie sich jetzt nicht wehrten. Flink zogen sie ihre Messer heraus, drangen auf das Ungetüm ein und richteten es mit gut geführten Stichen schrecklich zu, dass etwas wie dunkles Blut vom Wagen herunter zu Boden rieselte. Es regte sich auch nicht mehr, und kein Laut war mehr zu hören. So fuhren die tapferen Mannen vollends heim nach Aichelau. Als sie aber den Wagen abluden, merkten sie, dass einer der Säcke ziemlich leer war und dass aus mehreren Löchern Spreu herausquoll. Ha! Kuckuck alle Welt noch einmal! Was war denn das? Hatten die wackeren Aichelauer den prall gefüllten Spreuersack für einen Bären gehalten und ihn deshalb so erbarmungslos zusammengestochen? Scheint so, sie heißen ja heute noch die Bärenstecher.

Die kleinen Fische

In einem Wirtshaus, in dem etliche Edelleute gerade zu Tisch saßen, trat ein Gaukler auf, die reichen Gäste während des Essens mit seinen Künsten zu unterhalten. Die Herren fanden Gefallen an seinen Späßen und ließen ihm auch von den gebratenen Fischen vorsetzen. Der fahrende Geselle merkte aber bald, dass den Herren die großen Fische, ihm aber nur die kleinen vorgelegt wurden. Da fing er an, die Fischlein – zwei oder drei an der Zahl – nacheinander vom Teller zu nehmen und vor seinen Mund zu halten. Er tat so, als ob er mit einem jeden rede, drauf hielt er ihn ans

Ohr, als wollt' er hören, was der Fisch ihm antworte. Zuletzt hob er auch noch zu weinen an. Da fragten ihn die Edelleute, was denn sein absonderliches Tun zu bedeuten habe. »Hochedle Herren«, antwortete der Gaukler, »mein Vater war vor Zeiten ein Fischer und ist in einem tiefen Wasser ertrunken. Nun habe ich die Fischlein gefragt, ob sie ihn nirgends gesehen hätten. Sie sagten aber nein, sie seien noch viel zu jung, als dass sie von dieser Sache wissen könnten, ich solle die älteren drum fragen.« Da lachten die Herren, merkten, worauf der Schalk hinauswollte, legten ihm einen großen Fisch vor und hießen den Wirt auch noch eine Kanne Wein bringen auf ihre Zeche.

Die Schlangenfanger

Nun wollen wir noch der wackeren Wilsinger gedenken, der Schlangenfanger. Hat da einmal etwas zu den Luken der Schallläden des Kirchturms mit gar bedrohlichen Augen herausgeguckt und alte, längst vertrocknete Mären von Basilisken und anderen Ungeheuern in der Erinnerung der wackeren Wilsinger wieder aufgefrischt. Eine Schlange? Ein Drache? Was war es? Sollten ausgerechnet sie, die braven Wilsinger, dem Ungeheuer zum Opfer fallen? Sollten Kind und Rind verderben, und sollte Wilsingen, das ihnen einer der fürnehmsten Flecken zu sein dünkte, dem Untergang geweiht sein? Nein und abermals nein! Was an streitbaren Gegenständen gerade zur Hand war, wurde angefasst, Gabeln, Hauen, Hämmer, Zangen, und mit unternehmendem Fuchteln wurde der Vormarsch auf den Kirchturm angetreten. Der Mutigste war der Schmied, der mit seiner größten Zange bewaffnet war. Er achtete nicht seines Lebens und seiner Gesundheit und ging drauflos wie

Blücher, und siehe da, bald war das Ungeheuer von seiner Zange erdrückt. Der Drache oder die Schlange war ein Schmetterling. So sind die Wilsinger die Schlangenfanger geblieben bis auf den heutigen Tag und wissen den Namen mit bestem Humor zu führen. Sie besingen ihre Heldentat selber in einem feinen Schelmenreim:

>»Selle Schlang, selle Schlang
hao mr gfange mit dr Zang.
So a graoßer, wüaster Drach
ghaert au ra vom Kirchedach.«

Bravo! Es zeigt sich halt immer, dass sie nicht aufs Hirn gefallen sind und etwas in sich haben, die Orte und Flecken, die einen Unnamen haben. Über die anderen, die keinen haben, will ich aber deshalb nichts Ungutes sagen.

Hans von Rechberg und die Ebinger Geschirrweiber

Graf Ludwig von Wirtemberg hielt einst einen Jahrtag zu Ebingen, der von einer großen Zahl edler Herren, Grafen und Ritter besucht wurde, unter ihnen auch der alte Schalk und Spaßvogel Hans von Rechberg. Der stand eines Morgens mit anderen Edelleuten an einem Fenster des Rathauses und sah auf dem Markt zwei Frauen, die allerlei Krüge und Häfen und sonstiges irdenes Geschirr feilboten. Unbemerkt schlich er sich hinweg, ging auf den Markt hinunter und kaufte den Händlerinnen ihren ganzen Kram ab, gab ihnen auch noch etliche Gulden Trinkgeld und befahl ihnen, genau zu tun, wie er sagte: »Bietet ruhig eure Häfen, Töpfe und Krüge weiter feil. Habt aber inzwischen gut acht auf jenes offene Fenster am Rathaus, unter dem ihr die Herren stehen seht. Sobald ich euch mit der Hand ein Zeichen gebe, schlaget all euer Geschirr in Scherben.« Drauf ging der Rechberger wieder ins Rathaus zurück und stellte sich zu den anderen Herren ans Fenster. Er zeigte auf die beiden Geschirrweiber und erklärte: Er wette drauf, dass, wenn er nur wolle, die Weiber da drunten ohne Verzug ihren ganzen Geschirrkram zusammenschlagen müssten. Die Herren lachten ungläubig und hielten die Sache für unmöglich. »Lasst sehen, Herr von Rechberg«, entgegnete Graf Ludwig von Wirtemberg. »Zeigt Eure Zauberkunst! Aber ich wette meinen schönen Hengst, dass Ihr's nicht vermögt!« – »Es gilt!«, sagte Hans von Rechberg, und alle Umstehenden blickten gespannt durch das Fenster auf den Markt hinunter. Kaum hatte der Rechberger das heimliche Zeichen gegeben, langten die Weiber etliche Knüppel und schlugen ihre Häfen, Töpfe und Krüge allesamt in Scherben. Das setzte ein großes Gelächter ab im Saale, und die Herren sahen verwundert drein. Graf Ludwig gab die Wette verloren und ließ auch dem Rechberger das Pferd alsbald zustellen. Er wollte aber zugleich wissen, auf welche Weise er dies zuwege gebracht, damit er das Kunststück auch lerne. Nach langem Hin und Her sagte der Rechberger zu, unter der Bedingung, dass ihm Graf Ludwig noch einen zweiten Hengst verwillige. Der Graf sagte zu. Drauf erzählte der alte Schalk, wie er die ganze Sache mit den Weibern abgesprochen, den Geschirrkram zuvor bezahlt und noch ein gutes Trinkgeld dreingegeben habe. Er ließ auch die beiden Marktfrauen heraufkommen und dem Grafen bestätigen, dass sich alles wahrhaftig so zugetragen. Also hatte der Graf von Wirtemberg die Kunst gelernt und war doch nachher so klug wie zuvor.

Der einfühlsame Wengerter

Es ist einmal ein Wengerter, Köberle hat er geheißen und hat im Winter bei den Holzbaumfällern im Wald mitgearbeitet und da hat ihn ein Baum erschlagen und er war sofort tot. Nun berieten seine Kameraden, wie man es seiner Frau schonend beibringen soll. Es hat sich einer bereit erklärt, er wisse, wie man es bewerkstelligt. Am Abend läutete er an der Hausglocke, und wie sie rausguckte, rief er hinauf: »Wohnt da die Witwe Köberle?« – »Frau Köberle ben i, aber koi Witwe.« – »Was wetten wir, Frau Köberle?« – Das war die schonende Mitteilung.

's Essen ist Meister, 's Trinken ist nix!

Die Gemeinden Obernheim und Wehingen auf dem Großen Heuberg lagen sich lange Zeit einer Markungsgrenze wegen in den Haaren. Zuletzt ließen es die Wehinger auf einen Prozess ankommen, und so erging vom Oberamt gestrenge Weisung an die Bürgermeister, sich mit ihren Räten am Tag nach Michaeli um zwei Uhr nachmittags auf dem Rathaus in Wehingen einzufinden, »damit allda dem leidigen Streit für alle Zeit ein Ende geschehe«. Die Obernheimer waren in aller Frühe von daheim aufgebrochen und saßen schon um die achte im Wirtshaus, um sich für den bevorstehenden Kampf gehörig zu stärken. Viel zu verdienen gaben sie jedoch dem spitzohrigen Krugwirt nicht, schon darum nicht, weil er dem feindlichen Wehinger Gemeinderat angehörte. Jeder verzehrte, was ihm sein Weib in die Rocktasche gesteckt hatte: der eine eine Portion Backsteinkäs, der an-

dere ein Paar Knackwürste und der dritte ein Stück Speck oder Rauchfleisch. Mittlerweile füllte sich die Wirtsstube auch mit den am Prozess beteiligten Wehinger Ratsherren. Sie hockten zusammen um den Nebentisch, warfen finstere Blicke zu den Gegnern hinüber und schwemmten ihren Groll mit dem Wein hinunter, den ihnen der Wirt, schon um die andern zu ärgern, großmütig spendierte. So geschah's, dass die Wehinger im selben Maße tranken, wie die Obernheimer aßen. Und als es dann endlich vom Kirchturm zwei Uhr schlug und die beiden Parteien auf dem Rathaus vor den oberamtlichen Richtern erschienen, da vermochten die trunkenen Wehinger der Verhandlung über die strittige Grenzsache nicht mehr zu folgen und willigten mit Lallen und Kopfnicken in alle Forderungen, die die Obernheimer an sie stellten. »Hänt ihr's jetz gseah, ihr Herre«, sagte der Obernheimer Bürgermeister, »'s Eaße (Essen) ist dr Moaster (Meister), 's Trinke ist nix!«

Oberamtsrichter Dodel von Blaubeuren

Berühmt war der Dodel auf der ganzen Alb. Wenn es an die Eidesleistung ging, verstand er keinen Spaß. Er wusste, dass man da und dort noch dem Aberglauben huldigte, man könne einen mit der rechten Hand geschworenen Eid mit der linken heimlich nach hinten »ableiten«. Dem trug Dodel Rechnung, er ordnete an: »Do leget Se Ihre linke Hand uff mein Tisch! Se kennet den Eid net ableita!« In besonders bedrohlichen Fällen griff er zu seinem berühmten »scharfen Eid« und ließ nach der amtlichen Schwurformel noch nachsprechen: »Etz schwätzet Se mir nooch: Wohr isch – ond i lüeg net. So wahr mir sonscht mei' ganz Vieh verrecka soll.« Und dann war Verlass auf den Eid.

Einmal war Dodel der Überzeugung, dass jetzt unfehlbar ein Meineid bevorstand. Er befahl: »Schrameck, machet Se dia zwoi Fenschter uff! – Ond Sia, Pappelbauer, wöllet Sia älleweil no den Eid schwöra?« Aber der Pappelbauer war ein ganz Hartgesottener und weigerte sich standhaft, den Eid »zuerückzuschieben«. »Schrameck«, schrie Dodel, »machet Se älle Fenschter in dem Gerichtssaal uff, damit dia net au no he' send, wenn den etz dr Teufel holt.« Da sagte kleinlaut der Bauer: »I schiab en zruck!«

Der Amtsschreiber von Blaubeuren und sein Star

Der Amtsschreiber von Blaubeuren, der wegen seiner Grobheit in der ganzen Gegend berüchtigt war, hatte von einem Bekannten aus dem Unterland einen jungen Staren geschenkt bekommen. Die Staren kannte man damals in Blaubeuren und auf der Alb noch nicht.

Der Vogel war auf der Reise verunglückt und flügellahm, drum durfte er in der Amtsstube frei umherhupfen. Der »Jakob«, so hatte der Amtsschreiber den Staren genannt, war ganz ohne Scheu. Er setzte sich auf das Tintenfass, fuhr mit dem Schnabel in die Tinte und verspritzte und verkritzelte Bücher und Bogen, so dass die Schreiber die Arbeit zum Ergötzen des Amtsschreibers noch einmal machen mussten. Oder er ahmte naturgetreu das Kratzen der Schreibfedern und das Knarren der Türe nach, oder das trockene Hüsteln des alten Häberle, des Amtswaibels.

Nun war der Star auch wiederholt Zeuge gewesen, wie sein Herr einen Bauern abgefertigt hatte: Wenn die Bauern aufs Amt kamen und mit der Kappe in der Hand schüchtern an die Amtsstubentür klopften, so pflegte sie der Gefürchtete mit den Worten zu empfangen: »Was will der Bauer?! Häberle, Häberle, sperr er den Sackermenter ins Loch!« Nicht lange stand es an, so sprach der Jakob diese Worte nach. Und er traf Stimme und Tonfall so täuschend, dass eines Tages, als in Abwesenheit des Amtsschreibers der Nagelschmied von Ach auf die Amtsstube kam und der Vogel, der auf seines Herrn Stuhl saß, seinen Spruch losließ, der Nagelschmied vor Schreck auf und davon lief. Als er aber dann auf der Sonderbucher Steige dem Amtsschreiber in menschlicher Gestalt begegnete, ging er ihm in weitem Bogen

aus dem Weg, und aus Erzählen und Weitererzählen entstanden richtige Zaubergeschichten.

Dem Jakob war der gebrochene Flügel wieder geheilt. Als einmal die Sonne so warm und verlockend in die Stube hereinschien, probierte es der kluge Jakob, er stelzte durchs offene Fenster, wetzte den Schnabel an den Zweigen vom Geishirtlesbaum und flatterte auf und davon, bis er müde von der langen Reise in Gerhausen auf einem Strohdach landete. Das Haus gehörte einem Schuster, der gerade in seinem Garten war. Sogleich fiel ihm der fremde Vogel ins Auge. Er holte die Leiter vom Nachbarhof, legte sie an das Strohdach und kletterte hinauf. Kinder und Alte, die vorbeigingen, blieben stehen, und sahen neugierig dem Vogelfang zu.

Der Jakob saß ruhig, drehte den Kopf bald rechts, bald links und ließ den Schuster herankommen. Als dieser aber die Hand ausstreckte, um den Vogel zu schnappen, da wandte der den Kopf herum und schnarrte den Schuster an: »Was will der Bauer? Häberle, Häberle, sperr er den Sackermenter ins Loch!« Der Schuster fiel vor Schreck schier vom Dach! So schnell er konnte, zog er sich in respektvolle Entfernung zurück und sagte erschrocken: »Verzeihung, Euer Gnaden, Herr Amtsschreiber, ich hab Euch nicht erkannt!«

Den klugen Jakob hat auf seiner ferneren Reise die Katz geholt, die in ihrer grässlichen Respektlosigkeit den Staren-Amtsschreiber fraß, wie ein gewöhnliches Stück Fleisch.

Im Blaubeurer Amt aber wusste es nun jedermann, der Amtsschreiber sei ein Hexenmeister, der sich in einen schwarzen Vogel verwandeln könne.

Der Fuchs und die goldenen Schwänze

Es geschah einmal, dass der König zur Jagd ritt. Doch er hatte kein Jagdglück. Zuletzt lief ihm ein Fuchs über den Weg. Da sprach der König: »Diesen Fuchs werde ich schießen, er ist zwar kein edles Wild, doch sein Balg reicht mir für einen Kragen oder eine Jagdtasche.« Doch da sprach der Fuchs zu ihm: »König, lasst mich doch leben. Ich verspreche euch, alle wilden Tiere nach Stuttgart zu bringen.« »Gut«, sprach der König, »in sieben Wochen erwarte ich euch!« Der König ritt seines Weges, und der Fuchs ging fröhlich seines Weges.

Wie er so ging, sah er von ferne den Wolf kommen. Kaum sah er den Wolf, fing er an zu tanzen, zu singen und zu springen. Erstaunt blieb der Wolf stehen, und fragte: »Was ist denn mit dir los, so gut geht es uns wilden Tieren ja nicht, dass man sich so aufführen muss.« »Denke dir nur, Wolf«, rief der Fuchs, »ich habe den König getroffen, er hat mich nach Stuttgart eingeladen und wird

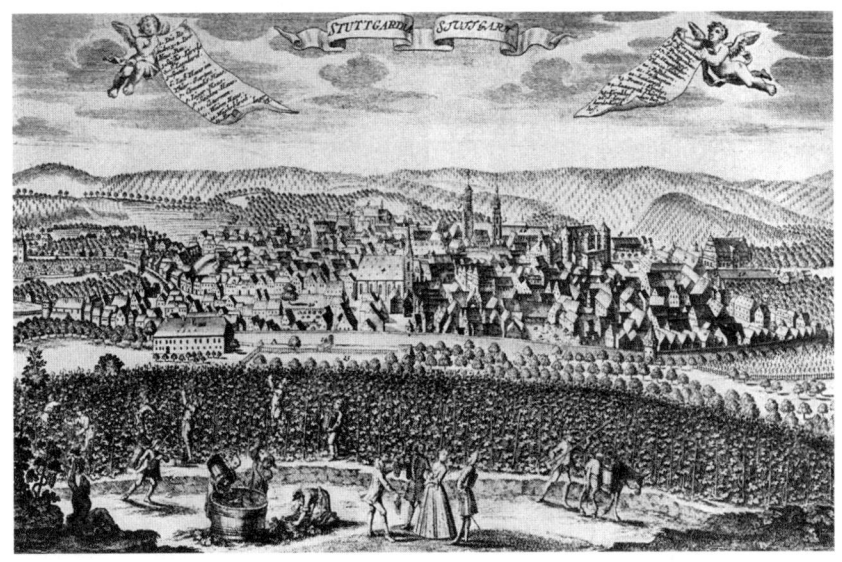

mir dort den Schwanz vergolden.« »Was?«, rief der Wolf. Er sah an sich hinab und dachte, wenn seine Rute vergoldet wäre, würde ihn das auch gut kleiden. »Nimm mich doch mit, lieber Fuchs, wir sind ja Verwandte, wir sind ja Vetterle. Ich werde dir auch immer dankbar sein.« Und sogleich überreichte der Wolf dem Fuchs ein frisch gefangenes Göckele. »Gut«, sprach der Fuchs, »in sieben Wochen erwarte ich dich hier beim Kloster Bebenhausen, und dass du es niemandem weitererzählst.« »Von mir erfährt es niemand«, antwortete der Wolf.

Nach dem Wolf begegnete der Fuchs dem Bär. Und auch der Bär, als er hörte, dass der Fuchs beim König einen goldenen Schwanz bekommen würde, dachte, dass, wenn sein Stummelschwänzchen vergoldet wäre, es etwas mehr hermachen würde. Also schenkte er dem Fuchs eine frische Honigwabe und versprach, in sieben Wochen zum Kloster Bebenhausen zu kommen.

Nach dem Bären begegnete der Fuchs dem wilden Eber. Wie der Eber die ganze Geschichte hörte, dachte er, wenn er mit nach Stuttgart ginge, würde ihm der König auch noch die Hauer vergolden lassen. Also schenkte er dem Fuchs ein frisch gefangenes Häslein, versprach, niemandem etwas zu erzählen und in sieben Wochen nach Bebenhausen zu kommen.

Weil das Ganze ein Geheimnis war, ging die Kunde von Maul zu Maul und von Schnauze zu Schnauze. Als der Fuchs nach sieben Wochen zum Kloster Bebenhausen kam, war der Platz voll mit allen wilden Tieren des Waldes. Stolz schritt der Fuchs an der Spitze des Zuges nach Stuttgart ein. Die wilden Tiere, die alle einen goldenen Schwanz wollten, sahen nicht die Käfige, die für sie bereitstanden. Sie tappten hinein, und hinter ihnen wurde zugeriegelt. Der Fuchs aber wurde mit Ehren, Orden und reich beschenkt entlassen.

Es gibt immer noch viele Füchse, die goldene Schwänze versprechen, und sie finden immer noch viele, die hinter ihnen herziehen!

Der Spuk im Schloss Bronnen

Vom Schloss Bronnen weiß man in der ganzen Gegend, dass es dort nicht ganz geheuer ist. Viele Besucher, die dort übernachten wollten, sind noch in der Nacht aus dem Schloss geflohen.

Ein Student aus Tübingen kam öfter nach Bronnen und hat immer über diese Geschichten gelacht. Er hat dann eine Wette abgeschlossen, dass er eine Nacht im Schloss verbrächte und es sich zeigen würde, dass alles nur dummer Aberglauben sei. Doch auch er hat nicht die ganze Nacht ausgehalten, und er sagte, nie wieder würde er sich solch einer schlimmen Sache aussetzen.

Quellenverzeichnis

Märchenhaftes

Der Bauer und sein Sohn
Eduard Mörike: Mörikes Werke, hrsg.von Harry Maync, Leipzig und Wien 1909
Der Knabe, der zehn Jahre in der Hölle diente
Ernst Meier: Deutsche Volksmärchen aus Schwaben, Stuttgart 1852
Der Räuber Matthes
Ernst Meier: Deutsche Volksmärchen aus Schwaben, Stuttgart 1852
Die Sage vom Hirschgulden
Wilhelm Hauffs sämmtliche Werke, Stuttgart 1840
Der Frauenschuh
Nach mündlicher Erzählung, aufgezeichnet von Sigrid Früh
Die drei Handwerksburschen
Ernst Meier: Deutsche Volksmärchen aus Schwaben, Stuttgart 1852
Die Historie von der schönen Lau
Eduard Mörike: Das Stuttgarter Hutzelmännlein, Erstausgabe 1853

Sagenhafte Frauen

Die Jungfrau aus dem Urschelberg
Ernst Meier: Deutsche Sagen, Sitten und Gebräuche aus Schwaben, Stuttgart 1852
Die zwei Nachtfräulein von Pfullingen
Ernst Meier: Deutsche Sagen, Sitten und Gebräuche aus Schwaben, Stuttgart 1852
Die Hebamme in den Urschelberg geholt
Ernst Meier: Deutsche Sagen, Sitten und Gebräuche aus Schwaben, Stuttgart 1852
Die Nonne im Urschelberg
Gustav Schwab: Die Neckarseite der Schwäbischen Alb, Stuttgart 1823

Das versunkene Schloss
 Ernst Meier: Deutsche Sagen, Sitten und Gebräuche aus Schwaben, Stuttgart 1852
Der Mädchenfelsen bei Reutlingen
 Württembergische Volksbücher, Sagen und Geschichten, Stuttgart o. J.
Die drei Zauberfrauen im Heiligentäle
 Anton Birlinger: Volkstümliches aus Schwaben, Freiburg im Breisgau 1861
Der Hexensprung über das Lenninger Tal
 Rudolf Kapff: Schwäbische Sagen, Jena 1926
Sage von der Schalksburg
 Gustav Schwab: Die Neckarseite der Schwäbischen Alb, Stuttgart 1823
Das weiße Fräulein von der Baumburg
 Anton Birlinger: Volkstümliches aus Schwaben, Freiburg im Breisgau 1861

Von Herrschern, Rittern, Bürgern und Bauern

Herzog Ulrich und der Bauer
 Memmingers württembergisches Jahrbuch 1824
Der Schmeller von Ringingen
 Zimmer'sche Chronik, hrsg. v. Karl August Barack, Tübingen 1869
Hans Lapp und die Bauern von Wittershausen
 Heinrich Ruckgaber: Geschichte der Grafen von Zimmern, Rottweil 1840
Der Zauberstein im Blautopf
 Zimmer'sche Chronik, hrsg. v. Karl August Barack, Tübingen 1869
Die Geister im Blautopf
 Württembergische Volksbücher, Sagen und Geschichten, Stuttgart o. J.
Die Stiftung der Wurmlinger Kapelle
 Rudolf Kapff: Schwäbische Sagen, Jena 1926
Die Gründung des Klosters Stetten im Gnadental
 Württembergische Volksbücher, Sagen und Geschichten, Stuttgart o. J.
Sankt Agatha von Villingen
 Hans Brüstle: Villingen – Aus der Geschichte der Stadt, Villingen 1971
Achalmsage
 Ernst Meier: Deutsche Sagen, Sitten und Gebräuche aus Schwaben, Stuttgart 1852
Der Käsperle von Gomaringen
 Ernst Meier: Deutsche Sagen, Sitten und Gebräuche aus Schwaben, Stuttgart 1852

Der Junker Jäkele
Ernst Meier: Deutsche Sagen, Sitten und Gebräuche aus Schwaben, Stuttgart 1852
Der Schimmelreiter auf Grafeneck
Hans Reyhing: Albheimat, Stuttgart 1926
Das Wunderschwert der Herren von Stöffeln
Ernst Meier: Deutsche Sagen, Sitten und Gebräuche aus Schwaben, Stuttgart 1852
Der böse Baldegger
Anton Birlinger: Volkstümliches aus Schwaben, Freiburg im Breisgau 1861
Die Brüder von Gundelfingen
Hans Reyhing: Albheimat, Stuttgart 1926
Die Sage von der Häsel
Hans Reyhing: Albheimat, Stuttgart 1926
Der Villinger Riese Romeias
Bernhard Baader: Volkssagen aus dem Lande Baden und den angrenzenden Gegenden, Band I, Karlsruhe 1851
Wie Horb und Haigerloch entstanden
Rudolf Kapff: Schwäbische Sagen, Jena 1926
Der Esel von Hohenneuffen
Gustav Schwab: Die Neckarseite der Schwäbischen Alb, Stuttgart 1823
Der Waldgraf von Laichingen
Rudolf Kapff: Schwäbische Sagen, Jena 1926
Nikodemus Frischlins Tod
Ernst Meier: Deutsche Sagen, Sitten und Gebräuche aus Schwaben, Stuttgart 1852
Das Nägelinskreuz
Hans Brüstle: Villingen – Aus der Geschichte der Stadt, Villingen 1971
Das Nägelinskreuz bewirkt ein Wunder
August Schnetzler: Badisches Sagenbuch, Band I, Karlsruhe 1846
Der Frundecker Geisterspuk
Württembergische Volksbücher, Geschichten aus schweren Zeiten, Stuttgart o. J.
Kurfürst Friedrich in Reutlingen
Württembergische Volksbücher, Lustige Geschichten, Stuttgart o. J.
Herzog Ulrich nimmt Reutlingen ein
Württembergische Volksbücher, Geschichten aus schweren Zeiten, Stuttgart o. J.

Geheimnisvolle und unheimliche Geschehen

Die Legende vom Dreifaltigkeitsberg
Anton Birlinger: Volkstümliches aus Schwaben, Freiburg im Breisgau 1861
Der Schäfer und das Paradies
Anton Birlinger: Volkstümliches aus Schwaben, Freiburg im Breisgau 1861
Jung Stilling und der Schlaitdorfer Spuk
Anton Birlinger: Alemannia 1876, nach Aufzeichnungen des ev. Pfarrers Köhler, Marschalkenzimmern
Der Schatz im Höllenloch bei Feldstetten
Anton Birlinger: Volkstümliches aus Schwaben, Freiburg im Breisgau 1861
Der Hölzlekönig bei Schwenningen
Rudolf Kapff: Schwäbische Sagen, Jena 1926
Das Dengelmändle von Trossingen
Anton Birlinger: Aus Schwaben, Wiesbaden 1874
Die Wunderrute
Ernst Meier: Deutsche Sagen, Sitten und Gebräuche aus Schwaben, Stuttgart 1852
Das Käuferle zwischen Eningen und Metzingen
Ernst Meier: Deutsche Sagen, Sitten und Gebräuche aus Schwaben, Stuttgart 1852
Feurige Feldrichter
Ernst Meier: Deutsche Sagen, Sitten und Gebräuche aus Schwaben, Stuttgart 1852
Hausversicherung gegen Hexen
Ernst Meier: Deutsche Sagen, Sitten und Gebräuche aus Schwaben, Stuttgart 1852
Der Grenzsteingeist
Ernst Meier: Deutsche Sagen, Sitten und Gebräuche aus Schwaben, Stuttgart 1852
Der Poppele auf dem Heuberg
Ernst Meier: Deutsche Sagen, Sitten und Gebräuche aus Schwaben, Stuttgart 1852
Der Schimmelreiter bei Wankheim
Ernst Meier: Deutsche Sagen, Sitten und Gebräuche aus Schwaben, Stuttgart 1852
Der Unhalde-Geist in Betzingen
Ernst Meier: Deutsche Sagen, Sitten und Gebräuche aus Schwaben, Stuttgart 1852

Das Muetesheer in Tieringen
Oberamtsbeschreibung Balingen 1824
Das Muetesheer bei Hülben
Rudolf Kapff: Schwäbische Sagen, Jena 1926
Das Muetesheer zwischen Urach und Wittlingen
Nach mündlicher Erzählung, aufgezeichnet von Sigrid Früh
Das Burrenweible
Anton Birlinger: Volkstümliches aus Schwaben, Freiburg im Breisgau 1861
Die Wichtelmännlein am Farrenberg
Beschreibung der württembergischen Oberämter, 1824
Erdwichtela
Ernst Meier: Deutsche Sagen, Sitten und Gebräuche aus Schwaben, Stuttgart 1852
Die Wasserfräulein in der Donau
Anton Birlinger: Volkstümliches aus Schwaben, Freiburg im Breisgau 1861
Der Hokamaa
Nach mündlicher Erzählung, aufgezeichnet von Sigrid Früh
Das niesende Waldmännle
Ernst Meier: Deutsche Sagen, Sitten und Gebräuche aus Schwaben, Stuttgart 1852
Der Geißritt
Ernst Meier: Deutsche Sagen, Sitten und Gebräuche aus Schwaben, Stuttgart 1852
Auf der Alb sei es nicht geheuer
Anton Birlinger: Aus Schwaben, Wiesbaden 1874
Vom 6. und 7. Buch Mose
Nach mündlicher Erzählung, aufgezeichnet von Sigrid Früh
Die unehrliche Bauersfrau
Nach mündlicher Erzählung, aufgezeichnet von Sigrid Früh
Das Hellsternmännlein
Alois Wiehl: Heimatperle aus Geschichte und Sage Oberschwabens und den angrenzenden Gebieten, Ulm 1930
Der geheime Klostergang
Nach mündlicher Erzählung, aufgezeichnet von Sigrid Früh
Der Teufel und die Glocke
Ernst Meier: Deutsche Sagen, Sitten und Gebräuche aus Schwaben, Stuttgart 1852
Das geheimnisvolle Glockengeläute
Nach mündlicher Erzählung, aufgezeichnet von Sigrid Früh
Das Gnadenbild von Weggental
Rudolf Kapff: Schwäbische Sagen, Jena 1926
Pater Ungelehrt
August Schnetzler: Badisches Sagenbuch, Band I, Karlsruhe 1846

Der Schatz auf dem Hohenkarpfen
 Anton Birlinger: Volkstümliches aus Schwaben, Freiburg im Breisgau 1861
Glucker zu Gold geworden
 Anton Birlinger: Volkstümliches aus Schwaben, Freiburg im Breisgau 1861
Der Schlangenkönig
 Anton Birlinger: Volkstümliches aus Schwaben, Freiburg im Breisgau 1861
Das Kellermännlein
 Anton Birlinger: Volkstümliches aus Schwaben, Freiburg im Breisgau 1861
Der Goldkessel der Reichenau bei Auingen
 Württembergische Volksbücher, Sagen und Geschichten, Stuttgart o. J.

Von Narren, Schlaubergern und Schlawinern

Jokele, sperr!
 Württembergische Volksbücher, Lustige Geschichten, Stuttgart o. J.
Die Schulzenwahl
 Ernst Meier: Deutsche Volksmärchen aus Schwaben, Stuttgart 1852
Gut bedient
 Johannes Nefflen: Der Vetter aus Schwaben, Ulm 1841
Strafe für die Bettler
 Nach mündlicher Erzählung, aufgezeichnet von Sigrid Früh
Die Genkinger Balkenstrecker
 Württembergische Volksbücher, Lustige Geschichten, Stuttgart o. J.
Der Gönninger Papagei
 Württembergische Volksbücher, Lustige Geschichten, Stuttgart o. J.
Das Pfullinger Füllen
 Württembergische Volksbücher, Lustige Geschichten, Stuttgart o. J.
Sankt Petrus übernimmt das Weltregiment
 Johannes Pauli: Schimpf und Ernst, Straßburg 1597
Die Oedenwaldstetter Schimmel
 Hans Reyhing: Albheimat, Stuttgart 1926
Die Bärenstecher
 Hans Reyhing: Albheimat, Stuttgart 1926
Die kleinen Fische
 Heinrich Bebels Schwänke 1508–1512, übertragen von Albert Wesselski, München und Leipzig 1907
Die Schlangenfanger
 Hans Reyhing: Albheimat, Stuttgart 1926
Hans von Rechberg und die Ebinger Geschirrweiber
 Zimmer'sche Chronik, hrsg. v. Karl August Barack, Tübingen 1869